2022

Incertezza e ritorno alla normalità

ADRIANO LOPONTE

LETTERA AI LETTORI

Come ho fatto a partire dal 2019, con il libro 'L'anno che non ti aspetti', ho raccolto in questo volume i principali articoli e contenuti pubblicati sul mio Blog online e sui canali Social nel corso del 2022.

Ma che anno è stato, quello che ci siamo lasciati alle spalle? Dopo un biennio pesantemente segnato dalla pandemia mondiale, è stato per certi versi l'anno di un progressivo ritorno alla normalità, ma oltre a queste luci in fondo al tunnel del Covid19, non sono mancate forti ombre, nuove crisi e tensioni.

Il 2022 è stato un anno complicato e anche drammatico dal punto di vista dei mercati finanziari, in certi ambiti e settori bisogna tornare indietro di moltissimi anni per trovare performance così negative. Tra i principali fattori che stanno pesantemente condizionando questo periodo c'è senz'altro l'inflazione: nella prima parte del 2021 ci si interrogava ancora se il riaccendersi del caro-vita, dopo anni di sostanziale calma piatta, fosse un fenomeno temporaneo o più strutturale e permanente. E il 2022 ci ha nettamente confermato che il rialzo inflattivo non è stata un'ondata passeggera, ma qualcosa di ben più tendenziale, e da affrontare in quest'ottica con misure adeguate, come stanno cercando di fare le maggiori banche centrali.

Ma la 'principale', e più sconvolgente, novità e notizia del 2022 è senza dubbio e purtroppo l'invasione e la guerra della Russia contro l'Ucraina, iniziata il 24 febbraio dello scorso anno. Da lì è iniziata una grande tragedia per il popolo ucraino che ha avuto forti ripercussioni a livello mondiale, effetti e conseguenze sulle economie, sulle materie prime, sull'energia, sui loro prezzi, strategie, politiche, scenari.

Secondo diversi osservatori, la sciagurata scelta da parte della Russia di Vladimir Putin di fare guerra all'Ucraina non ha tanto motivazioni di tipo identitario-ideologico-patriottico, quanto motivazioni e radici di tipo economico, innanzitutto nello scenario dell'energia, delle materie prime e dei loro mercati.

Appena qualche mese dopo che la cancelliera tedesca Angela Merkel – al termine di una lunga e brillante carriera e leadership – ha lasciato il suo influente ruolo politico a livello europeo e internazionale, il progetto per il nuovo gasdotto Nord Stream 2 si è bloccato e arenato, e Putin ha iniziato a temere un possibile allontanamento dell'Europa da fonti e approvvigionamenti energetici e di materie prime russe.

La scoperta nel Donbass ucraino, nel corso del 2021, di un importante giacimento di litio, e il conseguente accordo tra il governo di Kiev e le istituzioni europee per lo sfruttamento del prezioso materiale, possono avere costituito un'ulteriore spinta nei confronti di Putin a rompere gli indugi e cercare di rovesciare il corso degli eventi – innanzitutto economici ed energetici – con la forza e la guerra.

Una decisione tragica e sciagurata, che ha riportato un conflitto sanguinoso in Europa e ai suoi confini dopo il lungo periodo di pace seguito alla Seconda Guerra Mondiale. Tutto ciò ha innescato una reazione a catena che ha coinvolto fonti e prezzi dell'energia, strategie di approvvigionamento, inflazione, tensioni internazionali, fino a prospettare anche un rischio di recessione economica, che poi ora sembra allontanarsi. L'anno si è quindi concluso con una guerra che a tutt'oggi continua, e chissà ancora per quanto tempo, con i suoi effetti e contraccolpi sullo scacchiere mondiale.

Dagli scenari internazionali a quelli finanziari, c'è un'altra evidenza che ha caratterizzato il 2022: il prezzo delle obbligazioni è molto più basso rispetto a un anno prima, e il loro rendimento cresce. Oggi i titoli in Bond, come il Btp Italia, con scadenza a 3 anni possono rendere anche il 3,5%; con scadenza a 5 anni, possono arrivare a oltre il 4%. Valori impossibili negli anni precedenti. Tutto ciò apre quindi delle nuove opportunità, delle opportunità enormi. Anche per il risparmiatore più prudente, e senza dover andare a prendere rischi eccessivi sull'azionario.

La nuova, grande opportunità – arrivata con il 2022 e dopo oltre un decennio – è quindi un mercato obbligazionario a livelli e valori molto interessanti, a cui non eravamo più abituati da circa 15 anni. Un anno quindi iniziato male, dal punto di vista degli scenari finanziari, si è concluso aprendo rilevanti prospettive e possibilità, da cogliere in questo 2023.

Ancora una nota: come ho già fatto per le edizioni precedenti, anche l'intero ricavato di questo libro sul 2022 verrà devoluto a scopo benefico. Questa volta, a favore della Onlus Aid4Mada (dove 'Mada' sta per Madagascar) e del progetto Play4Mada, di cui potete leggere nella bella lettera di Giorgia Sottana, volontaria e promotrice dell'associazione, pubblicata in queste pagine del libro.

In modo che anche questo 2022 che ci siamo lasciati alle spalle diventi un bagaglio e un archivio di fatti, avvenimenti, esperienze, significativi e in qualche modo utili, un'altra tappa di un (lungo) percorso che ci porta a guardare al futuro, cercando di renderlo sempre migliore e più luminoso rispetto al passato e a ciò che è passato.

Buona lettura, e 'ri-lettura', di un anno, tra incertezza e ritorno alla normalità.

Adriano

LETTERA DI GIORGIA SOTTANA

Lo sport mi ha cambiato la vita. Anzi, ad essere davvero sincera, posso dire che lo sport è sempre stato tutta la mia vita. È stato, e ancora è, i miei sogni, i miei orari, le mie regole. È stato un amico, un compagno, ma soprattutto credo sia stato il mio più profondo insegnante.

Sebbene io non sia lo sport che pratico, il basket mi ha fatto scoprire chi ero e chi volevo essere come donna, regalandomi valori e etiche che forse non avrei trovato altrove.

Di fondo, a me lo sport ha dato tanto. Di più di tanto.

Ho sempre creduto che quando cadi nel lato fortunato di una cosa, e la vita ti dona un cammino -seppur con le sue buche e cadute, abbastanza facile, sia un dovere ecologico quello di dare indietro. Il bene va sempre condiviso, altrimenti quel bene varrà la metà. Almeno per me, è così.

Nasce così Play4Mada, da una visione condivisa con un mio amico -Mattia, e quella voglia di provare a ricambiare, rendendo lo sport un generatore di "cose buone" anche in una parte di mondo difficile.

Abbiamo trovato in Aid4Mada (onlus che in Madagascar ha veramente già cambiato la vita a interi villaggi con la costruzione di scuole, pozzi per l'acqua potabile, cibo e molto altro) una famiglia che ci ha accolto. Ha riposto in noi la massima fiducia nel provare ad agire in un nuovo campo, quello sportivo, in quest'area del paese che combatte quotidianamente con situazioni di grandissima precarietà. Per chi non lo sapesse, e in molti non lo sanno, il Madagascar che è conosciuto per le sue spiagge idilliache, è uno dei paesi più poveri al mondo, e Tulear -la città dove opereremo noi, è la più povera della nazione.

Pur sapendo che i bisogni primari di ogni persona siano altri, crediamo veramente che lo sport possa avere un impatto sociale sulla vita di tutti i giovani del paese, provando a dare loro un'alternativa alla strada e alla delinquenza. I valori educativi dello sport sono estremamente importanti, perché contribuiscono all'educazione e formazione, facendo diventare i ragazzi degli adulti più consapevoli e capaci di stare in un gruppo.

Costruiremo così un centro sportivo, formeremo istruttori, e proporremo in orario extra-scolastico attività sportive, motorie e ricreative fondamentali per la loro crescita ed il loro benessere psicofisico. Daremo, a chi parteciperà sostegno nutrizionale e sostegno sanitario, ma soprattutto daremo un ambiente protetto e sicuro.

So che per molti, me per prima, può essere difficile immaginare la situazione incredibilmente precaria che esiste in alcune aree del nostro pianeta. Eppure, esistono situazioni che a raccontarle si fa davvero fatica a crederci. La cosa bella è che ognuno di noi può fare la sua parte, piccola o grande che sia, per provare a rendere la vita degli altri un po' meno in bilico. Ognuno con le sue possibilità e capacità. Ognuno con il suo credo e i suoi valori.

Ringrazio di cuore Adriano, per credere e sostenere questo progetto con quelli che sono i suoi mezzi, e ringrazio chiunque altro abbia voglia di sostenerci in questo cammino che a volte un po' spaventa.

Ma, se non facesse almeno un po' paura, sarebbe un sogno non grande abbastanza.

Giorgia Sottana

Volontaria Aid4Mada e Play4Mada

Atleta, Scrittrice e...Sognatrice.

Per donazioni è possibile utilizzare l'IBAN sottoindicato utilizzando come causale "donazione liberale per progetto play4mada".

IBAN:

Banca BPER S.P.A di Vicenza

IT76T0538711800000002545334

Per ottenere ricevuta del versamento, inviare i propri dati anagrafici all'indirizzo info@aid4mada.org

Tutte le donazioni sono fiscalmente deducibili nei limiti di legge previsti.

INDICE

GENNAIO

GAS E LUCE, STANGATA IN BOLLETTA: ECCO I RINCARI PER IL 2022

8 gennaio

Come previsto e annunciato, vista la crisi energetica che sta scuotendo l'Europa negli ultimi mesi, è in arrivo la stangata sulle bollette per gli italiani. L'Arera (Autorità di regolazione per energia reti e ambiente) ha definito i nuovi prezzi per luce e gas nel mercato tutelato riguardanti il primo trimestre 2022. Con un forte rialzo dei costi per i consumatori, che ormai si vedono aumentare il costo in bolletta già da diversi mesi, ma raggiungendo per il prossimo trimestre un aumento del 55% per l'energia elettrica e la luce, e del 41,8% per il gas naturale. Questo incremento – come spiegano tutti i giornali – sarebbe dovuto a rincari sui costi delle materie prime come petrolio e gas (metano).

I prezzi "hanno raggiunto dei livelli record che non erano mai stati toccati negli ultimi tre anni", rimarca IlSole24Ore: "il costo dell'energia in kWh per il mercato tutelato passerà dai 0,20 €/kWh dell'ultimo trimestre del 2021 ai 0,35 €/kWh per il primo trimestre del 2022. Un incremento di più del 55% della spesa dell'elettricità dovuto principalmente all'aumento dei prezzi energetici".

Le ragioni dell'aumento dei prezzi di luce e gas derivano da 3 principali elementi. Primo: l'aumento del prezzo del petrolio, che è tornato a crescere dopo i livelli minimi del 2020 causati dalla pandemia e dalla riduzione dei consumi mondiali. Secondo: l'aumento del prezzo del gas naturale, che è praticamente quintuplicato da gennaio a dicembre 2021, passando da 21 a 120 €/MWh, fino a massimi di 180 euro. Ciò potrebbe essere stato causato dall'aumento della domanda di gas cinese e dalla situazione geopolitica che riguarda la Russia (il principale produttore di gas naturale mondiale). Nelle ultime settimane il prezzo del gas ha poi fatto registrare delle riduzioni dai livelli massimi raggiunti, e queste flessioni sarebbero collegate innanzitutto a 3 fattori, come sottolinea Milano Finanza: "non solo l'arrivo in Europa via cargo di gas naturale aggiuntivo dagli Stati Uniti, ma anche come effetto di una riduzione dei consumi e quindi della domanda, dovuti da un lato a un clima abbastanza mite e, dall'altro, all'ondata della variante virale Omicron", che contribuisce anch'essa in parte a ridurre i consumi complessivi. Terzo: l'aumento dei costi di emissione, in quanto dalla fine del 2021 le 'quote di emissioni', ovvero la quantità di emissioni concesse a ogni società fornitrice che possono anche essere vendute, sono aumentate di costo, aggravando particolarmente i costi di alcuni fornitori di luce e gas.

Questi rincari non hanno quindi colpito solo i consumatori italiani e le aziende, ma si tratta di una situazione che ha ripercussioni su tutti gli Stati europei. Risulta difficile prevedere quando i prezzi di luce e gas torneranno a livelli 'normali', visto il grande numero di elementi che stanno all'origine di questo rincaro e anche il fatto che non si è ancora registrata un'inversione di tendenza, avendo un trend sempre in crescita negli ultimi trimestri.

Per cercare di tamponare in parte gli effetti del caro-energia sui consumatori, c'è poi il capitolo Bonus Bolletta 2022: il governo ha quindi rivisto i fondi per il Bonus Bolletta 2022 stanziando 2 miliardi di euro aggiuntivi, oltre agli 1,8 miliardi che erano già stati previsti nell'ultima legge di Bilancio del 2021. Questo bonus prevede quindi aiuti finanziari a tutte le famiglie in difficoltà per aiutarle nel pagamento delle utenze di forniture. Sarà inoltre possibile grazie a questa misura rateizzare le bollette fino a 10 mesi. Oltre a ciò, la Manovra prevede l'azzeramento di tutti gli oneri di sistema, come era già stato per l'ultimo trimestre del 2021 non verranno addebitati sulla bolletta di luce o gas e l'IVA sul gas verrà portata al 5% per questo periodo. A soffrire della situazione, sono sia i consumatori privati sia le aziende, "con in testa quelle più energivore, dei settori siderurgico e meccanico", rileva Milano Finanza, "e anche il settore alimentare ha fatto registrare un aumento dei consumi di energia rispetto ai mesi precedenti. I settori dei trasporti, chimica, carta e materiali da costruzioni sono invece tra quelli che hanno visto ridurre i consumi energetici, per una riduzione delle attività e delle produzioni".

ECCO COME RUSSIA E CINA MINACCIANO GLI INTERESSI DELL'EUROPA

14 gennaio

In questi giorni e settimane Stati Uniti e Russia si stanno confrontando, a livello diplomatico, sullo scenario geo-politico internazionale e su questioni molte delicate come la situazione in Ucraina e gli armamenti.

Come riporta il Corriere della Sera, "gli americani hanno provato a ipotizzare concessioni sul disarmo, a cominciare dalla dislocazione dei missili nucleari intermedi. Ma i russi insistono per un approccio globale, che comprenda sia il disarmo che i temi politico-strategici". I colloqui di Ginevra sono stati la prima tappa di una settimana del dialogo, che è poi proseguita a Bruxelles con il redivivo Consiglio Nato-Russia e a Vienna nel quadro dell'Osce, l'Organizzazione per la Sicurezza e la Cooperazione in Europa. Non è chiaro quale sarà il seguito, se com'è probabile, nessuna intesa emerga nel breve periodo". Ma, secondo i diplomatici statunitensi, "bisogna dare tempo alla diplomazia".

Ma mentre la squadra di Joe Biden fa sforzi diplomatici per scongiurare un attacco russo all'Ucraina, "è l'Europa che dovrebbe aprire gli occhi sulla manovra a tenaglia con cui Vladimir Putin e Xi Jinping minacciano i suoi interessi vitali. Il pericolo più immediato e visibile è quello russo; quello più insidioso nel lungo periodo viene dalla Cina", rimarca Federico Rampini, sempre sul Corriere.

La debolezza dell'Occidente è evidente – fa notare Rampini –, e in Ucraina e Kazakistan gli Stati Uniti non hanno interessi vitali da difendere; tanto più da quando hanno l'autosufficienza energetica. Biden esclude un intervento militare per contrastare l'eventuale invasione russa. Prepara sanzioni economiche, che su Putin hanno un effetto minimo. L'Europa è la vittima predestinata.

Si è messa in una debolezza estrema con la sua dipendenza dal gas russo. I tedeschi ci hanno aggiunto sordidi conflitti d'interessi da quando il loro ex cancelliere Gerhard Schroeder entrò nel consiglio d'amministrazione di un gigante energetico russo.

Se cade l'Ucraina è l'Europa che vede avvicinarsi le truppe russe ai suoi confini. Le chiacchiere sulla nuova difesa europea restano tali. Le bollette salgono; per lo shock energetico soffrono cittadini e imprese dell'Unione europea.

Ma c'è di più, guardando verso l'estremo Oriente. Il Vecchio continente deve fronteggiare almeno quattro sfide altrettanto insidiose da parte della Cina. La prima: per i suoi rapporti con Taiwan, la piccola Lituania è incappata in durissime sanzioni economiche decise da Pechino. "Ma l'Ue è un blocco commerciale unico, non può ammettere che un singolo membro sia separato e punito da solo", spiega Rampini, "difendere la Lituania varando contro-sanzioni sul made in China può costare caro agli altri Paesi, non difenderla significa cedere su un principio irrinunciabile".

Secondo. L'Europarlamento ha lanciato un allarme per la penetrazione sempre più forte della Cina nei Balcani, di fatto una manovra parallela a quella russa in Ucraina; è con l'economia e la finanza che Xi Jinping indebolisce il fianco più scoperto dell'Ue.

Terzo. La crisi del gas ha una concausa cinese: l'America che è straricca di gas potrebbe aiutare gli europei a emanciparsi dall'eccessiva dipendenza dalla Russia; invece, tante esportazioni di gas liquefatto americano sono dirottate verso la Cina che le strapaga. La Casa Bianca può fare poco, la logica di mercato riorienta le navi cisterna cariche di gas verso il cliente più redditizio.

Quarto. Il problema più inquietante nel lungo periodo: per accelerare la transizione verso zero emissioni, e anche per ridurre la propria dipendenza dal gas russo, l'Europa rischia di finire nelle braccia della Cina che ha un semi-monopolio su materie prime e componentistica dei veicoli elettrici. "Il 2022 sarà l'anno dell'auto elettrica. Dietro i trionfi di Tesla, tutte le case automobilistiche tradizionali promettono di rovesciare sul mercato decine di modelli a emissioni zero: da Ford a General Motors, da Volkswagen a Stellantis", sottolinea il Corriere della Sera.

Le cellule di litio necessarie per le batterie delle auto elettriche vengono prodotte per il 79% in Cina, solo per il 7% in Europa e altrettanto negli Stati Uniti. Inoltre, la Cina controlla l'80% dei prodotti chimici usati nelle batterie al litio. L'anno dell'auto elettrica e quello della resa al Made in China rischiano di coincidere.

Vista dagli Stati Uniti, l'Europa non ha le risorse militari per dissuadere Putin in Ucraina. Non ha quelle economiche, energetiche, tecnologiche, né soprattutto la coesione politica, per divincolarsi dalla manovra a tenaglia russo-cinese.

I RINCARI DELL'ENERGIA RISCHIANO DI SPEGNERE LE IMPRESE

18 gennaio

Il nuovo anno inizia male sul fronte dei prezzi dell'energia. E le aziende rischiano di pagare un conto pesantissimo. L'impennata della quotazione del gas, in particolare, in Italia si è rapidamente trasferita sul prezzo dell'energia elettrica, facendo lievitare i costi energetici delle imprese industriali: 37 miliardi di euro previsti per il 2022, rispetto agli 8 miliardi nel 2019 pre-pandemia.

"Il caro energia rischia di bloccare le imprese italiane. L'aumento dei prezzi delle materie prime sui mercati internazionali, iniziato dagli ultimi mesi del 2020, è ampio e diffuso", rimarca IlSole24Ore. "Un livello insostenibile per le imprese italiane", sottolinea il Centro Studi di Confindustria. Un livello "che minaccia chiusure di molte aziende in assenza di interventi efficaci. Il prezzo dell'elettricità è più alto che in Francia e altri Paesi europei, a seguito delle Policy che questi hanno messo in campo. Questi rincari significano anche un marcato aumento della bolletta energetica, pagata dall'Italia ai Paesi esportatori". Il forte aumento dei costi per le imprese, sulla spinta dei rincari delle Commodity, si è tradotto – fa notare il Report – "in una brusca compressione dei margini operativi, data la difficoltà di trasferire ai clienti i rincari delle Commodity". La sofferenza dei margini è tendenzialmente maggiore nei settori più a valle, quelli che producono beni di consumo (per esempio, abbigliamento e mezzi di trasporto), che sono più vicini alla domanda finale ancora compressa, e intanto sale anche l'inflazione (anche se meno in Italia rispetto ad altri Paesi), che incide sui consumi. Ma i margini di guadagno soffrono anche nei settori energivori (cemento e ceramica, metallurgia, legno e carta). "L'assorbimento dei rincari nei margini delle imprese, fino al loro annullamento, spiega anche perché l'inflazione in Italia rimane più bassa che altrove", spiegano gli analisti di Confindustria.

Cosa fare? Secondo il Centro Studi di Confindustria, "sono possibili nell'immediato una serie di azioni, sia congiunturali che strutturali: intervenire sulle componenti fiscali e parafiscali della bolletta elettrica e del gas naturale, aumentando il livello di esenzione per i settori della manifattura, in particolare i comparti energivori a rischio delocalizzazione". E poi, "aumentare la produzione nazionale di gas naturale e riequilibrare, sul piano geopolitico, la struttura di approvvigionamento del Paese; promuovere una riforma del mercato elettrico, al fine di disaccoppiare la valorizzazione della crescente produzione di energia rinnovabile dal costo di produzione termoelettrica a gas".

L'impatto sui costi, del resto, è maggiore nei settori che fanno più uso delle Commodity con i più forti rincari. In prospettiva, se i rincari saranno in parte temporanei come atteso (alimentari), la situazione dei margini potrebbe alleggerirsi per alcuni settori. Penalizzati resterebbero, invece, quelli che usano le Commodity con i rincari più permanenti (metalli, tessili).

Tutti i settori "si possono giovare del rimbalzo dell'economia italiana", fa notare IlSole24Ore, "su cui però si stanno accumulando rischi al ribasso: più domanda significherebbe qualche spazio in più per un ritocco al rialzo dei listini industriali, mirato a recuperare parte dell'erosione del Mark-up subita finora. Per ora, resta la sofferenza dei margini operativi delle imprese industriali italiane, in diversi settori". Nel quarto trimestre 2021 "è stimato il permanere di una situazione difficile sui margini, che sembra tendenzialmente peggiore nei settori produttivi più a valle. Infatti, le Commodity non stanno ancora recedendo dai rincari degli ultimi mesi e, quindi, i costi delle imprese restano molto alti". Come ribolle l'inflazione: in generale, l'inflazione sta crescendo ovunque, anche in Italia (+3,9% annuo) dove però è spinta solo dai prezzi dell'energia, restando più bassa di quella dell'Eurozona e degli Usa. La misura 'Core', al netto di energia e alimentari, in Italia è molto moderata (+1,4% annuo), mentre nell'Eurozona e soprattutto negli Usa è balzata ben oltre la soglia del 2%, vigilata dalle banche centrali.

Lo scenario più probabile "resta che la fiammata dell'inflazione in Italia e in Europa sia temporanea", prevede IlSole24Ore, "grazie all'attesa flessione delle quotazioni petrolifere, e si registri un rientro nel 2022. Ciò eviterebbe un rialzo dei tassi europei quest'anno, a differenza di quanto accadrà negli Usa".

BISOGNA STARE MOLTO ATTENTI ALLE PAROLE CHE SI SCELGONO, USIAMO BENE QUELLE 'ENERGETICHE'

18 gennaio

Bisogna stare molto attenti alle parole che si scelgono – le singole parole che utilizziamo –, perché sono davvero in grado di fare la differenza. Perché tutto passa attraverso il linguaggio: sia quello che esprimiamo a voce o per iscritto, sia quello che usiamo per parlare con noi stessi quando pensiamo, attraverso il dialogo interno.

Lo sapete che ci sono: parole 'energetiche', che danno luogo a immagini piacevoli, a una chimica che ci fa sentire bene, a stati emotivi adatti a creare una buona relazione; parole 'neutre', che non producono sensibili effetti e reazioni psicologiche; e altre invece 'energivore', che hanno un effetto negativo sul cervello? Io l'ho scoperto leggendo un libro molto interessante e utile, intitolato 'Intelligenza linguistica', scritto da Luca Andrea Talamonti e pubblicato da Eifis Editore. Un libro al quale in queste settimane penso che mi ispirerò per più di una riflessione e di un approfondimento nei miei Blog Post online.

Le pagine di 'Intelligenza linguistica' rimarcano che le parole – che siano pensate, pronunciate, ascoltate, lette o scritte – hanno un potere magico: accendono, per così dire, delle 'lampadine' nella parte emotiva del cervello, dando luogo a determinate emozioni. Questa parte del nostro cervello è prevalentemente visiva, ossia ragiona per immagini, anche quando non ce ne rendiamo conto.

"Per rappresentarsi una parola, il cervello crea un'immagine collegata a quella parola, a volte a livello conscio, molto più spesso a livello inconscio", sottolinea Talamonti: "tecnicamente, si chiamano 'suggestioni'. Se poi queste immagini sono piacevoli, il cervello rilascia delle sostanze biochimiche 'buone', che ci fanno stare bene: dopamina, ossitocina, serotonina". Viceversa, se le parole sono collegate a immagini non piacevoli, "il cervello rilascia ormoni che, se l'obiettivo è creare una buona relazione con l'interlocutore, risultano ben poco utili in quel contesto: adrenalina, cortisolo, corticoidi in generale".

Quindi, occhio, facciamo molta attenzione alle parole che usiamo e che scegliamo. Perché non sono affatto irrilevanti, non sono affatto intercambiabili tra loro, e hanno un potere intrinseco molto forte, spesso non conosciuto, ignorato. L'autore del volume fa poi notare che queste sostanze biochimiche citate poco fa, che poi si chiamano 'ormoni' e 'neurotrasmettitori', danno luogo a quelle che noi definiamo comunemente 'emozioni' o 'stati emotivi'. E gli stati emotivi – fare attenzione bene – danno poi luogo alle azioni.

Ecco, quindi, un breve elenco delle più potenti parole energetiche, che hanno un impatto positivo sul cervello, le parole più efficaci da usare se il tuo obiettivo è creare una buona relazione con l'interlocutore. Partendo da due tra le più importanti, che rappresentano due eccezioni, perché non evocano delle immagini come le altre.

La prima è: "sì". Questa è la regina delle parole energetiche, la più importante in assoluto. Non crea specifiche immagini nel cervello, ma 'apre le porte' e predispone bene l'interlocutore nei tuoi confronti. Devi dirla sempre, il più possibile, soprattutto quando non sei d'accordo. Già, hai letto bene: devi dire "sì" anche quando non sei d'accordo, devi trovare il modo di dirlo comunque, per poi puntualizzare bene il tuo pensiero. Il che non significa che sei d'accordo, significa semplicemente evitare la regina delle parole energivore, ossia quelle da evitare a tutti i costi, che è "no".

La seconda parola energetica è "tu": se vuoi essere diretto, ficcante e soprattutto efficace, la seconda persona singolare è sempre la scelta migliore. Ecco perché, ad esempio, il "tu" è costantemente usato nelle migliori pubblicità e nei più efficaci siti di eCommerce: utilizzano sempre la seconda persona singolare, in questo modo, il tuo cervello percepisce quella comunicazione come se fosse indirizzata direttamente a lui, proprio a lui.

Veniamo ora alle parole energetiche che creano immagini e suggestioni piacevoli nel cervello di chi le pronuncia, legge o ascolta, favorendo il rilascio di sostanze cerebrali biochimiche che influenzano positivamente lo stato emotivo.

È ad esempio il caso di "facile" e "semplice" (e relativi verbi e avverbi): dato che il cervello è fondamentalmente pigro, se tu gli dici che una cosa è facile, o semplice, lui è contento: questo è il motivo per cui si tratta di una parola energetica molto efficace. Anche "risultato" è un'ottima parola, che genera ottime suggestioni, perché, del resto, chi nella vita non desidera ottenere risultati? Ci sono poi: "vantaggio", "vantaggioso", "avvantaggiare", termini competitivi, che generano associazioni mentali assolutamente positive. Anche "risparmio" e "risparmiare" sono termini energetici: esattamente come per la parola "ricco", anche queste vengono associate al denaro, in modo molto positivo.

L'elenco – esemplificativo, perché questi termini sono davvero tanti – continua con "scoperta" e "scoprire", e questo perché il tema della scoperta è decisamente energetico, perché genera subito associazioni mentali molto positive. Pensa, ad esempio, a una "scoperta scientifica", a una "scoperta medica": sono tutte frasi che ti proiettano immediatamente in un futuro migliore, più evoluto e ricco di ottime possibilità. Inoltre, questa parola è anche legata al tema dell'avventura, che piace molto al cervello.

Ci sono poi "potente", "potere" (sostantivo) e "potenza", parole che, intrinsecamente, possiedono già un altissimo impatto positivo. Della stessa serie, anche "speciale" e "passione", che risultano concetti piacevoli, favorendo il rilascio dei giusti ormoni.

Da usare e valorizzare bene anche "più": viene immediatamente associata al concetto di abbondanza e dunque, già così, dimostra la sua valenza energetica. Inoltre, spesso la prima immagine che viene in mente quando la si pronuncia o si sente è il simbolo +. Ebbene, quel simbolo, oltre a rappresentare una somma, e dunque già un'idea di aggiunta, lo troviamo anche sulle comunissime pile e sta a indicare il polo positivo. Già, "positivo". Questa è un'altra associazione inconscia che il cervello compie e che contribuisce a rendere questa parola particolarmente efficace.

L'elenco di parole che generano suggestioni positive è vastissimo e comprende anche termini che lo sono in maniera decisamente esplicita: "bene", "buono", "bravo", "fantastico", "meraviglioso", "entusiasmante", "affascinante", "splendido", "stupendo", e via dicendo. Ora sta a te scoprire altri termini che puoi usare per rendere la tua comunicazione più empatica, potente e suggestiva. Con un'altra indicazione fondamentale: ricorda sempre che le parole giuste devono sempre essere accompagnate dalla giusta comunicazione paraverbale e non verbale: un sorriso, un atteggiamento rilassato, un tono di voce pacato.

IL LINGUAGGIO DELL'AUTOREVOLEZZA

22 gennaio

Quando comunichiamo con qualcuno dobbiamo sempre mantenerci allo stesso livello del nostro interlocutore: bisogna evitare, cioè, di assumere sia una posizione di dominanza, sia di sudditanza.

È un'altra delle osservazioni e indicazioni utili che ho trovato nel libro 'Intelligenza linguistica', di Luca Andrea Talamonti, pubblicato da Eifis Editore, di cui ho già parlato in altri Blog Post. Ecco come prosegue: molte volte, invece, le nostre parole ci fanno scendere di livello rispetto all'interlocutore, perché scambiamo l'educazione e il rispetto "con formule linguistiche che, invece, denotano che ci stiamo ponendo in una posizione inferiore rispetto alla persona con cui interagiamo.

Autorevolezza, quindi, nel nostro contesto non significa solo conoscere l'argomento di cui si sta parlando, ma anche saperlo **comunicare in modo da trasmettere sicurezza, stabilità e fiducia".**

Ed ecco diversi esempi concreti e pratici, da ricordare, non sottovalutare ed evitare:

• Si può cominciare con: **"Scusa".**

Questa parola va evitata il più possibile, a meno che... tu non abbia davvero sbagliato qualcosa. Sì, perché "scusa", di fatto, si utilizza quando commettiamo un errore. Quindi, se la pronunciamo, stiamo affermando di aver sbagliato, questo sbilancia psicologicamente il rapporto con l'interlocutore, dato che poi dovremo rimediare all'errore. Intendiamoci, rimarca il volume di 'Intelligenza linguistica': "se camminando pesto il piede a qualcuno, è ovvio che chiedo scusa. Questa è educazione e questo è il modo sano e corretto con cui è giusto continuare a usare questa parola. Eppure, tante volte la usiamo a sproposito.

Ricorda: più ti scusi, più dichiari di aver sbagliato, di conseguenza perdi autorevolezza e ti metti nella condizione di chi, dopo un errore, deve rimediare".

• **"La prego di…".**

Ma le preghiere si rivolgono alle divinità, cioè a esseri ritenuti superiori. Se usi questa frase, stai intendendo che l'interlocutore è il tuo dio, il che ti mette in posizione di inferiorità psicologica. Sostituiscila con "La invito a…", "Le chiedo cortesemente di…".

• **"Ha capito?".**

Mai dire una frase del genere, perché così facendo mettiamo in discussione l'abilità di comprendere e le capacità cognitive dell'interlocutore. Non vanno bene neanche: "Sono stato chiaro? Mi sono spiegato? È tutto chiaro? C'è qualche dubbio?".

Se chiedi al tuo interlocutore se ha capito, stai dando la colpa a lui. Se chiedi se sei stato chiaro o se ti sei spiegato, la stai dando a te stesso e, così facendo, la tua autorevolezza crolla. Altro autogol. Inoltre, dicendo così, metti da solo in discussione la tua capacità di essere chiaro e di spiegarti e questo, per quanto possa sembrare una sottigliezza, va a minare la tua autostima e la percezione che di essa ha la persona con cui parli. Allo stesso modo, "chiedere genericamente se è tutto chiaro, implica che qualcosa possa non esserlo: sei tu a mettere all'altro la pulce nell'orecchio. Stesso discorso quando chiedi se c'è qualche dubbio, che, tra l'altro, è una parola piuttosto energivora".

• **"Resto a disposizione per qualsiasi chiarimento".**

Formula usata nello scritto, specialmente in chiusura di e-mail, e discorso simile al precedente.

La parola "chiarimento" implica che qualcosa possa non essere chiaro. Inoltre, "qualsiasi" è piuttosto ottimistico: se la persona ti chiedesse qual è il senso della vita, riusciresti a rispondere? Infine, quel "resto a disposizione" è molto servile e ti fa perdere autorevolezza. Se proprio vuoi usarlo, scrivi "Resto a disposizione per eventuali approfondimenti" o "Resto a disposizione per eventuali ulteriori informazioni in merito".

• **"Correggimi se sbaglio".**

Questa frase mostra insicurezza rispetto a ciò che stai per dire, manifestando la tua sudditanza psicologica. Inoltre, stai mettendo tu in testa all'interlocutore l'idea che sbagli, cosa a cui lui, magari, non aveva nemmeno pensato. Quel "correggimi" sta quasi a indicare che la persona con cui parli sia il tuo maestro, come quando a scuola venivi corretto. Se proprio non sei sicuro di quello che stai dicendo, hai due alternative: stare zitto. Oppure, dire ciò che devi dire e poi chiedere "È così?".

• **"Se fossi in te… / Al tuo posto farei…".**

Per quanto possano essere animate da buone intenzioni, queste frasi spesso non piacciono a chi ti ascolta, perché, semplicemente, non sei l'altra persona. Ognuno di noi sperimenta emozioni soggettive, fa ragionamenti propri e vive le esperienze in modo unico. Non sei lui/lei e non sei al suo posto, quindi, a meno che non ti si richieda la tua opinione, lascia stare.

• **"Si deve / Bisogna / È necessario".**

Sono frasi usate molto spesso e, certamente, in buona fede.

Il punto è che, dette così, essendo impersonali, passano come leggi universali e atemporali: si deve secondo chi? Chi lo dice? Proprio sempre? Mancando il soggetto, è come se l'interlocutore evitasse di prendersi la responsabilità di quello che sta dicendo, nascondendosi dietro a queste parole. Molto diverso, invece, è dire "Secondo me si deve", "A mio avviso bisogna", "Stando alla procedura è necessario": allora vanno bene, perché in questo caso si specifica che si tratta di un parere personale o di qualcosa che è scritto su un documento.

SUPERCOMPUTER, FACEBOOK, METAVERSO: MATTONI DEL NUOVO MONDO DIGITALE, DOVE GIÀ GIRANO MOLTI SOLDI

25 gennaio

Meta-Facebook, la nuova creatura di Mark Zuckerberg, ha annunciato ieri di avere progettato e costruito AI Research SuperCluster (Rsc), tra i più veloci supercomputer per l'Intelligenza artificiale (AI) al momento realizzati e, una volta completato entro la metà del 2022, sarà anche il più veloce.

Il supercomputer aiuterà i ricercatori di Intelligenza artificiale di Meta a costruire nuovi modelli di AI che possano "imparare da trilioni di esempi" o "lavorare in centinaia di lingue diverse" – come spiegano gli sviluppatori –, analizzare "insieme testo, immagini e video", ma anche "sviluppare nuovi strumenti di realtà aumentata".

In pratica, il lavoro svolto con il super cervello elettronico Rsc aprirà la strada alla creazione di tecnologie per la nuova grande piattaforma digitale: il Metaverso (si può vedere anche il Blog Post del 28 dicembre), dove "le applicazioni e i prodotti basati sull'Intelligenza artificiale giocheranno un ruolo centrale", aggiungono gli specialisti di Meta. E rilevano: il supercomputer è già attivo e funzionante, "ma il suo sviluppo è in corso", e per tutto il 2022 lavoreranno per aumentare le prestazioni e la capacità di calcolo. L'obiettivo di Zuckerberg e della sua società Meta è già dichiarato: fare del Metaverso la più ampia e grande comunità digitale e di Intelligenza artificiale. Un nuovo mondo digitale dove già girano molti soldi, ma siamo solo all'inizio.

Dopo Meta (già Facebook), altri colossi dell'Hi-tech hanno rivelato di stare muovendo i primi passi nello sviluppo di App e servizi a cui accedere in realtà virtuale e aumentata. Tra questi Google, "che ha messo in piedi un Team dedicato nei suoi Labs, e Microsoft, già pronta a svelare Mesh, la piattaforma VR e AR nella quale cominceranno a convergere presto App per il lavoro, come Teams e la suite di Office", anticipa l'agenzia Ansa.

Con il nuovo Metaverso potrebbe 'risorgere' anche Second Life, la piattaforma di comunicazione nata nel 2003 e divenuta famosa in quegli anni. Il suo fondatore, ora fuori dal progetto (dal 2008), Philip Rosedale, ha rivelato che le solide basi su cui poggia il software permetterebbero uno sbarco sul Metaverso con pochi sforzi, a differenza della concorrenza. E Second Life vanterebbe ancora una Community che, nonostante il declino, conta tra i 600mila e i 700mila utenti attivi.

Circa un mese fa, un anonimo utente del nuovo mondo digitale ha pagato oltre 600mila dollari per uno yacht virtuale su cui non potrà mai salire. L'imbarcazione si chiama Metaflower Super Mega Yacht, e navigherà all'interno del mondo virtuale di The Sandbox, la piattaforma online che riproduce una struttura simile al mondo reale, che ha attirato già le attenzioni e gli investimenti di vari marchi famosi, tra cui Adidas e H&M. Lo yacht è stato venduto in formato Nft (Non-fungible token), cioè il certificato di proprietà digitale, per 149 Ethereum, una criptovaluta, pari a un valore di 650mila dollari.

Anche Zuckerberg e la sua Meta stanno lavorando a un piano per consentire ai loro utenti di creare e vendere Non-fungible token. Lo anticipa il Financial Times, citando alcune fonti secondo le quali Facebook e Instagram lavorano a una funzione che consente agli utenti di mostrare i loro Nft sui profili Social, ma anche su un prototipo che li aiuta a creare Nft: si tratta di sviluppare e sbloccare il meccanismo che consentirà di vendere e comprare ogni cosa nel mondo digitale, in piena sicurezza e totale garanzia (certificata Nft) di ogni prodotto, merce, proprietà, valore. Sì, siamo appena all'inizio.

LO DICONO I DATI: QUANDO LA FED ALZA I TASSI WALL STREET CRESCE

29 gennaio

La Federal Reserve americana, come tutte le banche centrali – che ha il compito di mantenere un certo livello di stabilità all'interno del sistema finanziario del Paese –, utilizza i tassi di interesse per gestire la macroeconomia. L'aumento dei tassi rende l'indebitamento più costoso e rallenta la crescita economica, mentre il taglio dei tassi incoraggia l'assunzione di prestiti e gli investimenti su crediti più economici.

"Se la Fed alza i tassi di interesse, aumenta il costo del prestito, rendendo più costosi sia il credito che gli investimenti. Questo può essere fatto per rallentare un'economia surriscaldata", rimarca IlSole24Ore. "Se la Fed abbassa i tassi, rende i prestiti più economici, il che incoraggia la spesa per il credito e gli investimenti. Questo può essere fatto per aiutare a stimolare un'economia stagnante". Detto in un altro modo: quando le cose vanno bene le banche centrali alzano i tassi per evitare che la corsa dell'economia faccia salire oltremisura l'inflazione, cioè il prezzo dei beni, per evitare un'eccesiva perdita del potere d'acquisto di chi ha redditi nominali stabili. Quando invece le cose vanno male, le banche centrali tendono a ridurre i tassi per rendere meno caro il costo del denaro, i prestiti alle imprese, i mutui alle famiglie. Nella speranza che questa liquidità aggiuntiva aiuti l'economia a risollevarsi.

E lo strumento economico più influente che la banca centrale ha sotto il suo controllo è la capacità di aumentare o diminuire il tasso di sconto. Le variazioni di questo tasso di interesse cruciale hanno un effetto drastico sugli elementi essenziali della macroeconomia, come la spesa dei consumatori e l'indebitamento.

In questo caso, come preannunciato in questi giorni, la Fed sta per avviare un percorso di strette monetarie. Quel che è ormai certo è che si parte a marzo. La durata del programma verrà invece determinata dal corso degli eventi, dai dati macroeconomici, innanzitutto inflazione e occupazione.

La Federal reserve ha segnalato più volte la volontà di tornare ad alzare i tassi di interesse, per contrastare un'inflazione elevata in buona parte legata – contrariamente a quanto accade in Eurolandia – a una domanda surriscaldata, da frenare. Anche se non sarà una vera stretta. La politica monetaria resterà piuttosto espansiva. L'urgenza, in questa fase, è quella di governare le aspettative di inflazione e riportarle verso l'obiettivo del 2% da centrare, peraltro, "in media".

Ma i dati di Borsa e dei mercati finanziari indicano, a sorpresa, che in 11 casi su 12 Wall Street è salita del 9% annuo in media durante le fasi in cui la Fed ha stretto la cinghia. Ecco cosa è successo storicamente: nei 12 cicli di rialzo dei tassi realizzati dalla Federal Reserve dagli Anni '50, in 11 casi su 12 (quindi il 91% del totale) l'indice di Borsa Standard & Poor's 500 ha registrato un rialzo annuo del 9%. Niente affatto male. Il dato più elevato risale al 1958-1959 quando l'indice azionario realizzò una performance annua del 24,5%. Molto bene anche il risultato del periodo 1987-1989, pari al +16,2%. E l'unico caso di Borsa in calo durante le fasi di rialzo dei tassi risale al 1972-1974 con lo Shock energetico.

E oggi come allora, "ci troviamo ad affrontare un'inflazione che nasce da problemi legati all'offerta, come l'aumento dei prezzi dell'energia. Sono i periodi più difficili da affrontare per un mercato azionario", sottolinea IlSole24Ore: "c'è però una grande differenza rispetto al 1972-1974: allora non c'era quell'abbondanza di liquidità che circola oggi sui mercati finanziari. In questo scenario i mercati avranno quindi il loro bel da fare nei prossimi mesi".

UNA POLITICA SENZA ALTERNATIVE NEL PAESE DEI BIS: MATTARELLA RESTA DOV'È (ALMENO PER UN PO')

31 gennaio

L'Italia è un grande Paese sviluppato e industrializzato, conta circa 60 milioni di abitanti, fa parte da sempre del G7, è la culla delle eccellenze del Made in Italy, eccetera, eccetera, eccetera.

Ma se si tratta di trovare un nuovo e adeguato presidente della Repubblica, sembra un'isola deserta. Una ciambella rocciosa nel golfo di Follonica, uno scoglio pieno solo di gabbiani davanti a Posillipo. Eppure, i partiti e i politici del Parlamento lo sapevano da 7 anni che nel gennaio 2022 avrebbero dovuto eleggere un nuovo Capo dello Stato. Ma hanno fatto tutto di corsa negli ultimi giorni, come studenti pigri e ignoranti che stanno svegli quattro notti per preparare l'esame in extremis. Anzi, forse gli studenti pigri e ignoranti dopo quattro notti insonni una soluzione brillante la trovano. I nostri politici no.

Sul diario – mentre il Paese trattiene il fiato un po' per il Covid e un po' perché si naviga a vista –, all'ultimo momento si sono accorti che c'era questa (importante) elezione da fare, si sono guardati attorno, si sono parlati e scontrati per alcuni giorni (e notti), e non hanno visto nessuno di nuovo e adeguato e condiviso da poter eleggere. Già si rischiava la tentazione Superman, Tarzan o l'Uomo ragno.

Hanno perso sei giorni a fare sette votazioni inutili – tanto per fare il solito teatrino e proclamare sui giornali e in Tv –, poi all'ottavo scrutinio in modo geniale hanno chiuso il cerchio. Sono andati al Quirinale, hanno citofonato a Mattarella – forse era anche tardi, ma di questi tempi per fortuna era in casa –, e gli hanno chiesto di non preparare le valigie. "Non mi sottraggo, le condizioni del Paese richiedono senso di responsabilità", gli ha risposto al citofono, "avevo altri piani, ma se occorre ci sono". E meno male che non si è sottratto, altrimenti era un casino. Vai tu a cercare qualcuno sullo scoglio davanti a Posillipo in piena notte.

Ma questo è un Paese fortunato, ed è anche il Paese dei bis. E così con 759 voti arrivati da gran parte del Parlamento, e un lunghissimo applauso con standing ovation, Sergio Mattarella viene riconfermato presidente della Repubblica dopo l'elezione del 2015. "Stavolta ottiene il sostegno della quasi totalità dell'arco parlamentare", come rimarcano i giornali, "incrementando di 94 voti il risultato della prima elezione (665 nel 2015) e diventando il secondo presidente più votato, dopo Sandro Pertini (832), nella storia della Repubblica". Insomma, un trionfo. Altro che Maneskin a Sanremo.

I commenti del mondo dell'economia e dell'industria, e anche quelli dei politici e giornali stranieri, sono entusiastici. Per la stampa estera Mattarella è il "guardrail della democrazia". Per la precisione, è il New York Times a incoronarlo il "guardrail" della "oscillante" democrazia italiana.

In Francia, Le Figaro ricorda che la rielezione "permetterà di assicurare la stabilità del tandem Mattarella-Draghi che gestisce da un anno il risanamento del Paese", mentre Le Monde cita "l'interesse della nazione" e si chiede retoricamente se "sarebbe stato meglio continuare il gioco al massacro o prendere atto dello stallo e cercare una via di uscita anche a costo di una leggera stortura alla logica istituzionale? È servito un venerdì disastroso perché i leader delle principali forze politiche si arrendessero all'evidenza e chiedessero al presidente uscente di restare al Quirinale". Nel Regno Unito, il Guardian parla nel titolo delle "profonde divisioni" emerse durante un "farsesco processo di voto parlamentare" e ricorda che "l'ottantenne non voleva un nuovo mandato ma è stato convinto a restare".

Ok, quindi, tutto a posto. Diciamo così, nel Paese dei bis. Sullo scoglio fronte a Posillipo ancora per un po' nessuno darà fastidio ai gabbiani in cerca di un candidato all'altezza. Meno male che domani inizia il Festival della Canzone, le note in arrivo dall'Ariston taglieranno i titoli di coda di queste elezioni presidenziali. Ma sì, domani è un altro giorno, anche nel Paese delle decisioni importanti all'ultimo momento, e dei bis.

FEBBRAIO

ACCORTEZZA NELL'USO DELLE PAROLE E IL CONSEGUENTE IMPATTO SUL CERVELLO

1 febbraio

L'essere umano non è razionale. È razionalizzante. Cosa significa? Significa che prendiamo le nostre decisioni a livello emotivo, per poi giustificarle a livello razionale. Si tratta di un'affermazione forte, perché molte persone si ritengono perfettamente razionali. Di fatto, però, non lo sono, come non lo è nessuno di noi.

Quanto appena detto è stato ampiamente dimostrato anche da vari neuroscienziati e psicologi, come Gerd Gigerenzer e soprattutto Daniel Kahneman, vincitore del premio Nobel per l'Economia nel 2002. Che piaccia o meno, funzioniamo esattamente in questo modo: scegliamo emotivamente e poi giustifichiamo razionalmente la scelta. Ecco perché le più serie ed efficaci tecniche di comunicazione non hanno affatto l'obiettivo di andare a convincere la parte razionale del cervello del tuo interlocutore, bensì, per prima cosa, la sua parte istintiva ed emotiva. Solo in ultima istanza, alcune strategie prevedono anche l'ingaggio della parte razionale.

Tutto ciò è anche alla base della 'Finanza comportamentale', ovvero scelte e decisioni che riguardano risparmi e investimenti che vengono influenzate – più o meno consapevolmente, spesso molto poco consapevolmente – dalle nostre emozioni, stati d'animo, suggestioni. Paure, gioie, euforie, ricordi e connessioni che possono essere piacevoli o dolorose. Per questo ne parlo in questo Blog, perché il linguaggio e anche le singole parole   che usiamo sono importanti, fondamentali, anche quando si tratta di parlare e di ragionare di finanza privata e personale, e hanno delle dirette connessioni con appunto la Finanza comportamentale. Anche in questo caso mi piace citare il libro 'Intelligenza linguistica', di Luca Andrea Talamonti, pubblicato da Eifis Editore, di cui ho già parlato in altri Blog Post. Considerando che le nostre decisioni sono influenzate, da emozioni e/o suggestioni esterne e che quest'ultime a loro volta, dipendono dalle parole e frasi che vengono utilizzate da noi e terze persone, è il caso di cominciare a prestarci attenzione. Non a caso, Talamonti nel suo libro rimarca che "anche l'Intelligenza Linguistica non fa eccezione e la maggior parte delle sue strategie hanno l'obiettivo di andare a convincere, sedurre, incantare la parte emotiva del cervello di chi legge o ascolta". Dobbiamo fare molta attenzione e dare molta importanza alle singole parole che utilizziamo. Le parole, che siano pensate, pronunciate, ascoltate, lette o scritte, hanno un potere magico: accendono, per così dire, delle 'lampadine' nella parte emotiva del cervello, dando luogo a determinate emozioni. Più nello specifico, va detto che tale parte del nostro cervello è prevalentemente visiva, ossia ragiona per immagini, anche quando non ce ne rendiamo conto. Per rappresentarsi una parola, il cervello crea un'immagine collegata a quella parola, a volte a livello conscio, molto più spesso a livello inconscio. Tecnicamente, si chiamano "suggestioni". Se poi queste immagini sono piacevoli, il cervello rilascia delle sostanze biochimiche 'buone', che ci fanno stare bene: dopamina, ossitocina, serotonina. Viceversa, se le parole sono collegate a immagini non piacevoli, "il cervello rilascia ormoni che, se l'obiettivo è creare una buona relazione con l'interlocutore, risultano ben poco utili in quel contesto: adrenalina, cortisolo, corticoidi in generale", fa notare il testo: "queste sostanze biochimiche appena citate, che poi si chiamano 'ormoni' e 'neurotrasmettitori', danno luogo a quelle che noi definiamo comunemente 'emozioni' o 'stati emotivi'.

E gli stati emotivi danno poi luogo alle azioni. Sì, perché basta pensarci un attimo per capire che quando siamo felici e fiduciosi vediamo le cose in un certo modo e siamo propensi a compiere determinate azioni (più propositive), mentre se ci approcciamo alla stessa situazione quando siamo tristi o nervosi, vediamo le cose in maniera completamente diversa e le azioni che compiamo sono di altro tipo (più conservative). Dunque, tutto passa attraverso il linguaggio: sia quello che esprimiamo a voce o per iscritto, sia quello che usiamo per parlare con noi stessi quando pensiamo, attraverso il dialogo interno. Bisogna stare molto attenti alle parole che si scelgono, perché esse sono davvero in grado di fare la differenza.

ITALIA IN CRISI DEMOGRAFICA: POLITICHE DI WELFARE PER FARE PIÙ FIGLI

Nel 2020 in Italia per ogni bambino c'erano 5 anziani. Il saldo tra nascite e morti è stato negativo di oltre 335mila unità. Nel 2021 ci sono stati solo 385mila nuovi nati, scendendo sotto la soglia dei 400mila. O si interviene o l'emorragia delle nascite ci porterà, a metà del secolo, sotto la soglia dei 350mila nati annui, e alla costante crescita della domanda sanitaria di una popolazione sempre più vecchia, al rischio di un rapporto 1 a 1 tra pensionati e lavoratori. In altre parole, a uno scenario assolutamente incompatibile con qualsiasi possibilità di ripresa, crescita, sostenibilità e inclusività.

Ci ritroviamo a essere non solo il secondo Paese più vecchio del mondo (ci batte solo il Giappone) e quello della più grave depressione delle nascite, siamo anche il Paese con il record di Neet in Europa (gli under 35 che non studiano e non lavorano), e con la più tardiva età delle madri alla nascita del primo figlio (oltre 32 anni).

Numeri che potrebbero continuare ancora e che dicono molto chiaramente una cosa: l'Italia deve affrontare una crisi demografica senza precedenti. Con prospettive ancora più preoccupanti. "Nel 2048 avremo circa 835mila morti e 390mila nati, con i primi che saranno il doppio dei secondi. Sostenere che questo non sia un grave problema vuol dire negare l'evidenza", sottolinea il presidente dell'Istat Gian Carlo Blangiardo. È una crisi demografica "irreversibile destinata a consolidare il nostro Paese nelle posizioni peggiori in Europa in termini di squilibri strutturali", fa notare il demografo Alessandro Rosina.

Come spiega Rosina nel saggio 'Crisi demografica. Politiche per un Paese che ha smesso di crescere' (edizioni Vita e Pensiero), ci troviamo oggi "con uno dei peggiori intrecci nelle economie mature avanzate tra crisi demografica e questione generazionale. Gli squilibri demografici stanno sempre più riversando i propri effetti all'interno della popolazione attiva. Attualmente in Italia, la fascia dei 30-34enni risulta decurtata di circa un terzo rispetto a quella dei 50-54enni: valori inediti sia rispetto al passato sia nel confronto con il resto d'Europa". E anche: "dal 2005 al 2020 il peso degli under 35 sulla popolazione attiva è diminuito di 5 punti percentuali, ma quello sugli occupati si è ridotto del doppio".

Secondo le previsioni sulla popolazione pubblicate dalla rivista scientifica The Lancet, più di 25 Paesi nel mondo perderanno circa metà della popolazione entro la fine di questo secolo, tra cui tutti i Paesi dell'Asia orientale (Cina, Corea del Sud, Giappone e Taiwan), e buona parte di quelli dell'Europa centrale, orientale e meridionale (tra cui appunto Italia, Polonia, Spagna e Grecia). La piramide demografica si rovescerà con tutte le conseguenze del caso.

Ora ci troviamo con un nipote ogni cinque nonni e 33 ultrasessantacinquenni ogni cento soggetti in età attiva, numero che raddoppierà nei prossimi trent'anni. Ma con la possibilità di iniziare una 'cura' anti-denatalità: "la strada giusta è quella dell'assegno unico universale, allargato proprio a tutti", osserva Blangiardo a proposito dello strumento che insieme al pacchetto di misure integrate previste dal Family Act riconosce a un figlio lo status di bene per la comunità, a sostegno del principio che per il Paese i figli non sono un costo privato a carico delle famiglie ma ciascuno ha un valore per la collettività. Obiettivo al 2030 di tutte le politiche per lo sviluppo, per i giovani e non solo quelle ad hoc per la famiglia, dovrebbe essere aumentare il numero medio di figli per donna (da 1,2 a 1,75), sulla scia dei 'recuperi' registrati in Svezia e Germania, incoraggiati e sostenuti dalle politiche di Welfare.

FUSIONE NUCLEARE: DAL RECORD DI ENERGIA 'PULITA' LA SCINTILLA PER UNA NUOVA ERA

14 febbraio

Ricercatori europei e italiani nei giorni scorsi hanno ottenuto quantità di energia record dalle reazioni di fusione nucleare. Il consorzio scientifico Eurofusion ha infatti ottenuto una quantità record di energia prodotta da fusione: 59 megajoules contro il precedente primato di 21,7. È come una scintilla di energia super potente che consente di "creare per 5 secondi una stella in miniatura all'interno dei macchinari nucleari", come hanno detto gli stessi ricercatori.

Il record è stato raggiunto presso l'impianto europeo Jet (Joint European Torus), il più grande e potente in funzione al mondo situato a Culham, nel Regno Unito. "Cofinanziato dalla Commissione Europea, il consorzio Eurofusion vede la partecipazione di 4.800 tra esperti, studenti e personale in staff da tutta Europa", sottolinea il Corriere della Sera in un lungo articolo: "l'Enea coordina la partecipazione italiana, a cui contribuiscono 21 partner, tra università, enti di ricerca e industrie".

Il livello di energia ottenuto "raddoppia e supera il precedente record di 21,7 megajoules", rimarcano i ricercatori, "stabilito nel 1997 sempre al Jet", presso la Uk Atomic Energy Authority (Ukaea). Il risultato è "conferma le motivazioni alla base del progetto per garantire energia sicura, sostenibile e a bassa emissione di CO_2".

Proprio mentre aumenta a livello globale la richiesta di affrontare efficacemente gli effetti del cambiamento climatico attraverso la decarbonizzazione della produzione di energia, "questo successo rappresenta un grande passo avanti sulla strada verso la fusione quale fonte sicura, efficiente e a basso impatto ambientale per combattere la crisi energetica globale", sottolineano Cnr, Enea, Eurofusione e Consorzio Rfx.

La fusione nucleare è il processo che alimenta le stelle, come il Sole, e promette, nel lungo termine, di essere una fonte di elettricità quasi illimitata, utilizzando piccole quantità di combustibile reperibili ovunque sulla terra, da materie prime poco costose. Il processo di fusione unisce, fino a fondersi ad altissima temperatura, nuclei di elementi leggeri come l'idrogeno, che si trasformano in elio, rilasciando una quantità enorme di energia sotto forma di calore. "Questo tipo di fusione è intrinsecamente sicura perché per sua natura non può innescare processi incontrollati", spiegano gli esperti all'agenzia Ansa.

In particolare, l'esperimento a fusione nel Joint European Torus è in grado di generare plasmi che raggiungono temperature di 150 milioni di gradi Celsius, 10 volte la temperatura al centro del Sole.

La ricerca sulla fusione "punta a replicare il processo che alimenta il Sole per una nuova fonte di energia a basse emissioni di carbonio su larga scala", rilevano gli scienziati: "quando atomi leggeri si fondono insieme per formare atomi più pesanti, si genera una grande quantità di energia. Per fare ciò, si riscaldano pochi grammi di idrogeno a temperature estreme, 10 volte più elevate che nel Sole, formando un plasma in cui avvengono reazioni di fusione".

L'impianto a fusione commerciale utilizzerà l'energia prodotta da reazioni di fusione per generare elettricità. La fusione ha una enorme potenzialità come fonte di energia a bassa emissione di carbonio. È eco-sostenibile e sicura e il combustibile che utilizza è abbondante e sostenibile. In termini di resa, a parità di quantità, la fusione genererà circa 4 milioni di volte più energia rispetto a quella prodotta bruciando carbone, petrolio o gas.

Ecco perché da Jeff Bezos a Bill Gates, da Michael Bloomberg a Richard Branson, diversi tra gli uomini e imprenditori più ricchi del Pianeta stanno già 'fiutando' il nuovo Business. Il 'miraggio' della fusione nucleare e della sua energia pulita è inseguito da anni da un esercito di paperoni che, a suon di investimenti milionari, perseguono quella che il fisico Stephen Hawking descrisse come la più promettente tecnologia del genere umano.

Un po' come la corsa alla conquista dello Spazio, i miliardari da tempo guardano con interesse all'energia del futuro legata alla fusione nucleare, mettendo a disposizione i loro capitali per cercare di realizzare un sogno che sembrava lontano ma che il test realizzato in Gran Bretagna sembra avvicinare.

Attraverso la Breakthrough Energy Coalition, il fondo di investimento che raccoglie decine di paperoni mondiali e di cui fanno parte fra gli altri Gates ma anche George Soros, finanziano e appoggiano la ricerca in diverse startup impegnate in prima linea nell'energia sostenibile e in altre tecnologie per ridurre le emissioni, incluse quelle che puntano a commercializzare nuovi asset come la fusione nucleare.

Tra queste società una delle più ambiziose su cui la coalizione dei paperoni ha investito è la Commonwealth Fusion System, fondata nel 2010 da sei professori del Massachusetts Institute of Technology e che ha al centro delle sue ricerche e dei suoi esperimenti proprio la fusione nucleare in grado di produrre illimitata energia pulita. Entro il 2025 Commonwealth Fusion System si è posta come obiettivo quello di produrre un prototipo di un reattore a energia pulita di nuova generazione.

IDEE DIVERSE SONO COME ELICHE OPPOSTE: IL NOSTRO PENSIERO SPICCA IL VOLO

14 febbraio

Nella vita e nel lavoro di tutti i giorni non è certo indispensabile essere sempre accomodanti con i propri interlocutori: a volte bisogna accettare di essere in disaccordo con qualcuno, bisogna anche scaldarsi senza arrabbiarsi.

Ho trovato queste interessanti considerazioni nel libro 'Pensaci ancora', scritto da Adam Grant e pubblicato in Italia da Egea editore, la casa editrice dell'Università Bocconi di Milano.

È possibile "non essere d'accordo senza per questo mostrarsi scostanti", sottolinea Grant, e continua: "anche se ho il terrore di ferire i sentimenti degli altri, non ho alcun timore quando si tratta invece di mettere in discussione le loro opinioni. In effetti, ai miei occhi discutere con qualcuno non dimostra una mancanza di rispetto: rappresenta, se mai, un segno di rispetto. Significa che apprezzo le sue idee abbastanza da contestarle. Se non mi importasse di ciò che pensa, non mi prenderei la briga di farlo".

Bisogna tenere presente anche che non sempre le persone amichevoli evitano i conflitti, mentre "le persone scostanti non ci stimolano soltanto a ripensare. Fanno anche sì che le persone amichevoli si sentano a proprio agio nel discutere. Piuttosto che rifuggire gli attriti, i nostri scontrosi colleghi li affrontano di petto. Mettendo in chiaro che possono gestire una discussione animata, creano una norma anche per tutti noi che non siamo come loro". Se non stiamo attenti, però, "quella che inizia come una baruffa può trasformarsi in una rissa".

Non è quindi necessario (e costruttivo) essere o mostrarsi sempre d'accordo con tutti, anzi, se necessario è importante manifestare apertamente il proprio disappunto, ma è altrettanto fondamentale la capacità di "scaldarsi senza arrabbiarsi", cioè reagire anche animatamente a ciò che non piace, ma farlo per disappunto, non per rabbia o rancore.

Poi Grant mette in evidenza altri concetti e riflessioni importanti, e indica: "questa è la bellezza del conflitto tra compiti", tra due posizioni differenti o anche opposte, "in una discussione il nostro avversario non è un ostacolo: è un'elica". Cosa intende dire l'autore con questa metafora? Ecco che lo spiega: "con due eliche che ruotano in direzioni opposte, il nostro pensiero non rimane inchiodato a terra: spicca il volo".

OBIETTIVO SEMPRE PIÙ IMPORTANTE: VINCERE LA DISEDUCAZIONE FINANZIARIA DELLA CLIENTELA

18 febbraio

I livello di educazione finanziaria dei cittadini, dei risparmiatori e investitori privati, viene in genere misurato dalla capacità di rispondere correttamente a domande basiche su quattro temi e aree principali: diversificazione del rischio; inflazione; calcolo degli interessi; capitalizzazione degli interessi.

Purtroppo, il grado di adeguata educazione finanziaria misurato in Italia (37% in media dei casi totali), maggiore soltanto a quello del Portogallo (26%) tra i Paesi dell'Eurozona, risulta essere ancora più critico se confrontato con i Paesi che compongono il G20, come ad esempio Canada (68%) o Germania (66%). Anche in quest'ultimo confronto, l'Italia risulta penultima. Insomma, più che di "educazione" finanziaria, sarebbe più corretto e realistico parlare di "diseducazione".

Noi italiani siamo risparmiatori straordinari, capaci di sacrifici importanti pur di accumulare; ma quando poi, all'atto pratico, siamo chiamati a trasformare quei risparmi in investimenti produttivi, ecco che la nostra scarsa competenza nel settore diventa la nostra peggiore nemica. Il nostro livello medio di educazione finanziaria è molto scarso. Le ragioni di questa incompetenza, di questa "diseducazione", sono molteplici, ma di fatto essa contribuisce a complicare non solo il presente, ma anche e soprattutto il domani nostro e dei nostri figli e nipoti.

"Dovremmo occuparci di più e meglio dei nostri soldi ed essere molto più istruiti finanziariamente", come evidenziano anche Paolo Legrenzi e Leopoldo Gasbarro nel libro 'Ricchi per la vita', pubblicato da Sperling & Kupfer: "quando abbiamo necessità di cambiare auto o gestore telefonico per il cellulare ci informiamo e ci impegniamo, e in compenso ci disinteressiamo dei nostri risparmi, finendo così per gettar via tutti i sacrifici fatti per accantonarli".

L'educazione finanziaria è diventata un punto chiave nelle agende governative di molti Paesi: "la preoccupazione, aumentata dopo la crisi di questi anni", rileva 'Ricchi per la vita', "è che i cittadini, pur avendo a disposizione un volume di informazioni senza precedenti, possano avere difficoltà nel decifrarle adeguatamente, prendendo decisioni svantaggiose per le loro finanze personali e con potenziali ripercussioni sulla ricchezza nazionale".

La finanza è ormai parte integrante della quotidianità di ognuno: l'assicurarsi un reddito sufficiente al termine della propria esperienza professionale, la capacità di pianificare i bisogni della propria famiglia o anche richiedere un mutuo per l'acquisto di un'abitazione sono responsabilità dei singoli cittadini, e richiedono la capacità di valutare rischi e opportunità collegati con l'investimento delle proprie risorse.

Molti, troppi, cittadini e risparmiatori non sono in grado di rispondere a domande che richiedono livelli relativamente bassi di conoscenza finanziaria, con la conseguente difficoltà a gestire consapevolmente scelte finanziarie articolate. In più, la diffusione di strategie di offerta multicanale e la possibilità di acquisire prodotti finanziari attraverso qualsiasi strumento digitale non fanno che aumentare l'importanza dell'educazione finanziaria.

Guardando alle allocazioni gestite dal mondo della consulenza finanziaria, si può vedere che la media di rendimento degli ultimi anni, considerati gli alti e bassi dei mercati, ha sfiorato il 3%. Questo tasso, applicato ai 3mila miliardi di patrimonio finanziario da parte degli italiani, genererebbe circa 90 miliardi di euro di interessi all'anno. In pratica, in tre anni avremmo in tasca e a disposizione molto più dei capitali del Recovery Fund (poco più di 200 miliardi), senza dover dire grazie a nessuno, se non a noi stessi.

Quindi? Quindi è fondamentale far crescere e migliorare le conoscenze e competenze finanziarie degli italiani, e per raggiungere questo risultato devono collaborare e contribuire tutti: dalla politica alle banche, dalle istituzioni pubbliche a noi professionisti della consulenza e Private banker. Avere clienti più consapevoli e preparati è un vantaggio anche per fare ancora meglio il nostro lavoro.

DURANTE LA PANDEMIA, RICCHEZZA DEGLI ITALIANI IN CRESCITA

22 febbraio

Più liquidità e meno rischi, con i salvadanai che complessivamente crescono del 7%. Tra il 2019 e il 2021, nei due anni focali per la pandemia, la ricchezza finanziaria delle famiglie italiane è aumentata, in totale, di 334 miliardi di euro (+7%), circa 16 miliardi al mese, sfiorando il tetto dei 5mila miliardi, rispetto ai 4.663 miliardi di fine 2019. È quanto emerge dall'analisi della Federazione autonoma bancari italiani (Fabi) sull'Italia del risparmio.

Tra conti correnti e contanti, le famiglie italiane hanno accumulato oltre 153 miliardi in più sotto forma di depositi, con una crescita dell'11% circa da inizio pandemia. Un dato, secondo l'analisi della Fabi, che conferma una rinnovata preferenza per la liquidità anche per il 2021, e la prevalenza di strumenti facilmente monetizzabili oltre che di depositi nelle casseforti delle famiglie.

"La crisi del Covid ha reso le famiglie italiane meno propense al consumo, facendo accrescere la tendenza a risparmiare, stavolta per i timori legati proprio all'emergenza sanitaria ed economica degli ultimi due anni", sottolinea su Wall Street Italia il segretario generale della Fabi, Lando Maria Sileoni: "l'enorme disponibilità di risorse finanziarie da parte delle famiglie conferma l'esigenza di una consulenza professionale che solo le lavoratrici e i lavoratori bancari possono garantire ai risparmiatori". I depositi bancari, che ammontano complessivamente a 1.604 miliardi (+10%), si sono trasformati nel nuovo 'mattone' degli italiani. Oltre il 30% della ricchezza finanziaria degli italiani, secondo la Fabi, è parcheggiata sui conti correnti, seguiti dai prodotti assicurativi e dai titoli azionari. Nel biennio 2020-2021, inoltre, sono cresciute le riserve assicurative di circa 90 miliardi, segnando un +8% rispetto al 2019, con un portafoglio complessivo di circa 1.200 miliardi e con la quota di prodotti di previdenza pressoché raddoppiata in 15 anni (+93%).

I titoli obbligazionari si sono ridotti di circa 40 miliardi nel triennio: rappresentano oggi il 4,5% del portafoglio finanziario complessivo delle famiglie, mentre attraevano circa il 20% nel lontano 2005, registrando una diminuzione netta di circa 500 miliardi.

Nel 2021 sono poi quasi azzerate le preferenze per i titoli a breve termine (-36% dal 2019), mentre è significativo l'incremento della quota di azioni e di altre partecipazioni – pari al 5% nel biennio in esame e 50 miliardi in valore assoluto –, perché avvenuto in un contesto ancora di incertezza e perché attesta il potenziale ancora inespresso del risparmio complessivo degli italiani.

Anche nel confronto internazionale, secondo l'analisi della Fabi sul risparmio degli italiani, non c'è pandemia che tenga: la ricchezza netta delle famiglie italiane continua a essere la più alta, confermando il primato di migliori risparmiatori rispetto agli altri.

A fine 2020, il portafoglio di ricchezza italiano è pari a 8,7 volte il reddito disponibile, con un divario di più di due punti rispetto al dato della Germania e maggiore anche rispetto a quello inglese. Solo la ricchezza delle famiglie francesi si avvicina a quella degli italiani, ma il graduale aumento dei valori di tutte le altre realtà (Francia +1,50%; Germania +1,80%; Gran Bretagna 0,70%) mostra un rallentamento tutto italiano nel corso degli ultimi decenni.

Dunque, se l'Italia ha un elevato stock di patrimonio delle famiglie, negativi sono invece i segnali di diffusione di tale ricchezza tra la popolazione, che non cresce, sulla scia di un Pil e di un'economia reale che stentano ad accelerare. Nel 2020, prima in valore assoluto è la ricchezza pro capite della Francia che ha guadagnato un buon 70%, seconda sola a quella della Germania in termini di crescita (+82%). L'Italia si attesta a un livello di ricchezza in rapporto alla popolazione che è la più bassa nel contesto europeo.

SCOPPIA LA GUERRA DELLA RUSSIA CONTRO L'UCRAINA, MERCATI IN TRINCEA E CORRONO I PREZZI DI PETROLIO E GAS

25 febbraio

Giovedì 24 febbraio scoppia la guerra per l'attacco della Russia contro l'Ucraina, e l'aggressione militare condannata da (quasi) tutti i principali Paesi mondiali (Cina non pervenuta) costa subito molto caro, sia innanzitutto in perdite umane, sia per i contraccolpi sui mercati finanziari. E visto che ci occupiamo di finanza e investimenti, qui parleremo di questo, nonostante ci siano molti altri aspetti gravi e preoccupanti.

Piazza Affari ha chiuso la seduta di ieri in forte calo. L'indice Ftse Mib ha perso il 4,15%, e torna sui valori di luglio 2020. La perdita, pesante, è tuttavia fuori dalla top ten dei peggiori tonfi. Le maggiori cadute registrate dalla Borsa di Milano sono del 3 marzo 2020 con l'esplodere del Covid, quando il Ftse Mib era crollato del 16,9%, e del 24 giugno 2016 con l'esito del referendum sulla Brexit (-12,4%). Il Ftse All Share di Piazza Affari ha chiuso la seduta con un calo del 3,99% che equivale a 30,3 miliardi di capitalizzazione 'bruciati' in una sola giornata.

Chiusura pesante anche per le altre maggiori Borse europee: Francoforte segna un calo del 3,96%, Parigi cede il 3,83% mentre Londra perde il 3,88%. Ma la peggiore è stata Milano. A New York, Wall Street invece recupera in volata con il Nasdaq. Il Dow Jones perde lo 0,89%, il Nasdaq sale dell'1,8%, mentre lo S&P 500 avanza dello 0,37%.

La Borsa di Mosca, fermata più volte per limitare la volatilità e le vendite innescate dalla guerra in Ucraina, termina la seduta con un calo dell'indice Moex pari al 33% mentre l'indice in dollari Rts lascia sul terreno il 38%. In caduta il rublo che ha perso oltre il 7% sul dollaro: ieri sera ci volevano 87,28 rubli per un biglietto verde.

La Borsa russa resta sotto pressione dopo l'annuncio da parte della presidente della Commissione Ue, Ursula von der Leyen, di "sanzioni massicce e mirate" che "avranno un impatto molto pesante sull'economia russa". Già si sgretolano le quotazioni dei grandi gruppi quotati russi, in gran parte a partecipazione statale. I colossi dell'energia Gazprom, Rosneft e Lukoil ieri hanno perso rispettivamente il 40%, il 44,5% e il 26%, mentre si dimezzano i valori di Sberbank, la più grande banca russa (-51%), del gruppo finanziario Tcs (-53%,) e Vtb Bank (-47%).

Allo stesso tempo, volano le quotazioni del gas: il future Ice Ttf di Amsterdam, riferimento per il prezzo del metano europeo, ha chiuso le contrattazioni con un balzo del 51% a 134 euro per megawattora.

Meno forte la corsa del petrolio, che è salito comunque oltre il 6% a New York a 97 dollari al barile, mentre il Brent europeo resta oltre quota 100. Ma volano anche i prezzi delle principali materie prime, inclusi i generi alimentari, con il rischio di accelerare la spirale inflattiva messa in moto dal Covid.

C'è stata però anche un'importante discesa dello Spread tra Btp a Bund tedeschi a 10 anni e dei rendimenti del prodotto del Tesoro: il differenziale è sceso a 163 punti base dai 174 precedenti, e il tasso del Btp a 10 anni all'1,8%. Un effetto rilevante, dopo che il governatore della banca centrale austriaca, Robert Holzmann, componente del consiglio direttivo della Bce, ha ipotizzato in un'intervista a Bloomberg che la Banca centrale europea con l'attacco all'Ucraina potrebbe rallentare il suo programma di fine degli stimoli all'economia.

Il conflitto in Ucraina potrebbe quindi ritardare l'uscita dallo stimolo monetario della Bce: lo ha ipotizzato anche Isabel Schnabel, membro del comitato esecutivo della Bce, in quella che appare come un'inversione di rotta rispetto alle intenzioni di normalizzare la politica monetaria. Schnabel ha spiegato che l'incertezza legata all'invasione russa richiede un approccio graduale e basato sui dati economici. E la Bce è pronta a contrastare ripercussioni gravi sui mercati.

Ora la risposta del fronte occidentale alla crisi ucraina corre anche, e soprattutto, lungo i 1.200 chilometri del gasdotto del Nord Stream 2. Come dice già il nome, la struttura punta a raddoppiare la portata del gasdotto Nord Stream dalla Russia alla Germania, inaugurato dieci anni fa.

Completato a settembre scorso e costato 11 miliardi di dollari, secondo la compagnia di gestione è pronto a entrare in funzione. Ma per spingere il bottone della pipeline, ritenuto il più lungo al mondo, manca il via libera degli enti regolatori tedeschi. Quel via libera che ora il cancelliere Olaf Scholz ha annunciato di aver congelato in risposta al riconoscimento da parte della Russia del Donbass.

Si tratta di un'arma geopolitica rilevante: il passaggio del Nord Stream 2 sotto al Baltico permette alla Russia di aggirare tutta una serie di Paesi dell'Europa dell'Est e portare il suo gas nel cuore del Vecchio continente bypassando l'Ucraina e le tariffe di transito. La Germania, dall'altra parte, con l'avvio di Nord Stream 2 si trasformerebbe in un hub strategico per il gas in Europa. Insomma, conviene a entrambi, Russia e Germania. Ma per ora, con l'attacco all'Ucraina, si ferma tutto.

"È stato interrotto il processo di approvazione del gasdotto, ma non ci possono essere effetti sul prezzo del gas", ha rimarcato la vicepresidente della Commissione Ue, Margrhete Vestager. Che sottolinea: "la Commissione Ue deve interfacciarsi con le autorità tedesche per vedere se il processo ripartirà, ma sosteniamo le autorità tedesche che hanno detto che nelle attuali circostanze il processo di approvazione è sospeso". E poi: "non ci sono dubbi che Nord Stream 2 non è un progetto di interesse europeo, noi abbiamo le condutture che sono necessarie per noi e hanno il loro percorso e soddisfano le nostre esigenze. Nord Stream 2 non è una conduttura attiva, non c'è gas".

COMPRENDERE LA NOSTRA MENTE PER FARE SCELTE MIGLIORI

26 febbraio

In ambito finanziario, cosa si nasconde dietro i concetti di prevenzione e protezione? Vedere possibilità che altri non vedono. Cosa sta dietro la visione dei punti di non ritorno e gli effetti dei nuovi stili di vita sulla superiorità dei mercati azionari, soprattutto quelli centrati su tecnologie ed energie pulite?

Esiste una sola professione, oltre ovviamente a quella del consulente finanziario, che esalta questa dote. L'investigatore. Nell'ultimo giallo di Gianrico Carofiglio, dal titolo 'La disciplina di Penelope', la protagonista è una donna, un ottimo investigatore pur senza alcuna veste ufficiale: "ma la qualità essenziale di un buon investigatore è la consapevolezza del ruolo decisivo del caso, della fortuna, nella soluzione delle indagini. Il buon investigatore è qualcuno che cerca in modo deliberato di moltiplicare le possibilità che accada qualcosa di casuale e fortunato".

La differenza con un buon consulente finanziario sta nel fatto che quest'ultimo deve accorgersi che stanno accadendo possibilità non sfruttate da altri, e di cui gli altri si accorgeranno solo in seguito. C'è in realtà un'altra differenza. Oggi l'ignoranza dei più è una risorsa per coloro che non la condividono.

Non si potrebbe altrimenti spiegare "il sistematico extra-rendimento delle azioni rispetto alle altre forme di investimento", fa notare il libro 'Ricchi per la vita', scritto da Paolo Legrenzi e Leopoldo Gasbarro, e pubblicato da Sperling & Kupfer: "si sarebbe potuto pensare che col tempo tutti, o quasi, se ne accorgessero e che tale differenza si sarebbe ridotta se non annullata". Finora non è stato così.

E allora, forse, ha ragione ancora una volta la protagonista della 'Disciplina di Penelope': "saper bene come funzionano i meccanismi interni non è di grande utilità.

Funzioneranno comunque allo stesso modo, nel migliore dei casi potrai osservarli". Per nostra fortuna, nel campo dei risparmi e delle scelte di investimento le cose non stanno così. Sapere come funziona la nostra mente conduce a scelte migliori e alla capacità di comprendere l'importanza della prevenzione e l'assicurazione. Ma la tentazione di tornare ai modi di pensare antichi e intuitivi è sempre molto forte, e in questo ha ragione Penelope.

MARZO

FINANZA COMPORTAMENTALE E PROFESSIONISTI FINANZIARI SONO UN OTTIMO CONNUBIO

3 marzo

L'università americana di Princeton trent'anni fa assunse molti studiosi delle nascenti Scienze cognitive, in particolare chi si dedicava allo studio delle decisioni e delle scelte, tra cui quelle che avevano a che fare con il denaro e gli investimenti.

Stava nascendo quella che oggi è nota come 'Finanza comportamentale'. Perché questo nome? Perché lega due termini e due mondi che sembrano distanti ma che in realtà sono strettamente correlati tra loro. "Finanza" è il sostantivo, cioè tutto quello che ha a che fare con i soldi, con i risparmi e gli investimenti".

"Comportamentale" è l'aggettivo, che si riferisce al metodo con cui ci si approssima al mondo della finanza, allo studio dei comportamenti delle persone. Esiste anche una finanza non comportamentale? Certo, ed è quella più diffusa al mondo, che si insegna in qualsiasi università che abbia una facoltà o un dipartimento di economia. Molti pensano che siano gli psicologi a offrire teorie relative al comportamento umano, ma si sbagliano: non sono i soli, anzi la più antica analisi di questo tipo risale al 1776, quando Adam Smith diede alle stampe la prima edizione di 'La ricchezza delle nazioni'. "L'intento di chi introdusse questo nuovo approccio ai fenomeni finanziari era quello di sottolineare che si tratta di un settore della psicologia più che dell'economia, per un semplice motivo", rileva Paolo Legrenzi, nel libro 'Ricchi per la vita', scritto con Leopoldo Gasbarro e pubblicato da Mondadori: "gli esperimenti attraverso cui vengono elaborate e verificate le teorie permettono di osservare quello che le persone fanno e non quello che dovrebbero fare se fossero razionali".

Quindi i risultati prevedono quello che succederà nella vita reale, con uomini in carne e ossa, con tutti i loro limiti e le loro emozioni. Ecco che si affaccia un primo punto interessante: se le persone non sempre fanno quello che dovrebbero fare con i loro risparmi, allora si può spiegare come mai, senza rendersene veramente conto, finiscono per fare investimenti improduttivi, e perché finiscono per fare investimenti rischiosi credendo di agire con prudenza. Secondo la teoria economica, per fare una scelta bisogna prima creare un elenco di tutte le possibilità e poi calcolare quella che porterà più vantaggi. Quella è la scelta da fare. Pensate però alla vostra vita. Fate sempre così? Non credo, per almeno due motivi. In primo luogo, non abbiamo una mente divina, quindi non possiamo 'vedere' tutte le possibilità e prenderemo in considerazione solo quelle che ci verranno in mente. In secondo luogo, il calcolo dei vantaggi non sempre è facile, anche se quello degli investimenti è un ambito di cui è facile stimare le prestazioni.

Spesso la scelta di investire i risparmi viene vissuta come una scelta personale e se ne parla a poche persone, di solito quelle con cui si è intimi. Ecco che la scelta si restringe alla nostra esperienza passata e a quella, eventualmente, dei propri cari. Questo spiega perché, per inerzia, gli italiani hanno continuato a comprare immobili, a investire nel reddito fisso o a tenere i soldi sui conti correnti (una non scelta dovuta all'incertezza) anche quando il ventaglio di scelta si era allargato a possibilità ben più convenienti.

Per tutti questi motivi, la Finanza comportamentale è una risorsa preziosa per il singolo risparmiatore e investitore, che va abbinata al contributo che può dare la consulenza e l'assistenza di un professionista finanziario, del proprio professionista finanziario di fiducia.

RUSSIA CACCIATA DALLO SWIFT: CIPS COME POSSIBILE ALTERNATIVA

4 marzo

Bisogna sempre ricordare che i soldi hanno un valore se questo valore è riconosciuto dagli altri, dal mercato, cioè da chi usa questa moneta e questi soldi. Hanno un valore se possono essere utilizzati, se gli altri li accettano. Altrimenti sono come carta straccia. Avere dei soldi che non si possono usare è come non averli.

Come conseguenza dell'invasione in Ucraina, la Russia, estromessa dal sistema di pagamenti internazionali Swift, potrebbe rivolgersi altrove e questo altrove è la Cina. Swift è l'acronimo di 'Society for Worldwide Interbank Financial Telecommunications'. È in pratica un fornitore di servizi finanziari, creato nel 1973 e con sede legale in Belgio, con il compito di gestire gli ordini di pagamento a livello internazionale. Raggruppa oltre 11mila organizzazioni finanziarie e bancarie in oltre 200 Paesi. Il codice Swift è quello che vediamo quando disponiamo un bonifico. In sostanza, è il sistema su cui viaggiano i messaggi con le istruzioni necessarie per trasferire i fondi: non il denaro vero e proprio, ma l'indirizzo a cui spedirlo.

"L'Unione europea intende escludere le banche russe dal sistema di pagamenti internazionali", osserva l'agenzia Ansa: "il provvedimento riguarderebbe 7 banche russe, fra le quali non ci sarebbe Gazprombank, la finanziaria del colosso energetico che cura le transazioni collegate alle forniture di gas. Tra gli Istituti esclusi da Swift ci sarebbe invece Vtb Bank, uno dei maggiori istituti russi con filiali in tutto il mondo".

Il Cremlino ha un suo circuito di pagamento nazionale, il Mir, che attualmente intermedia circa il 25% di tutte le transazioni elettroniche in Russia, Ma è un sistema che funziona solo all'interno del Paese. "Da qui l'idea di potersi affidare alla Cina", rileva il sito web Wall Street Italia: "Pechino ha un suo corrispettivo del sistema Swift che ci si chiama Cips, a cui le banche russe guardano oggi con fiducia".

Acronimo di Cross-Border Interbank Payment System, Cips "è un sistema di pagamento sviluppato nel 2015 dalla Cina e utilizzato principalmente per regolare i crediti internazionali in yuan e i commerci legati alla Belt and Road Initiative". Principale svantaggio però rispetto al sistema Swift, è che Cips ha un raggio d'azione molto più ridotto, visto che ospita al momento 1.200 istituzioni finanziarie locali di 100 Paesi, di cui una ventina russe.

Il timore di molti è che l'esclusione da Swift incoraggerebbe la Russia, e magari la Cina, a sviluppare sistemi alternativi: la Banca di Russia ci ha già provato nel 2014, raccogliendo però appena 400 adesioni. Una 'piattaforma' candidabile sarebbero proprio le valute digitali (come lo yuan cui lavora Pechino) e i crypto-asset che le banche centrali occidentali cercano di contrastare.

In questo quadro di crisi e incertezza internazionali, da un lato c'è la Bank of England, che ha già aumentato due volte i propri tassi di riferimento, e la Fed, che si appresta a un aumento seriale dei Fed-fund; dall'altro lato la Bce, che appare più riluttante.

Questa situazione "porterebbe a una rivalutazione del dollaro, che già parte da una posizione di forza", spiega il sito web Lavoce.info, "tuttavia, è probabile che difficilmente la Bce potrà mantenere i suoi propositi di non aumentare i tassi d'interesse per tutto il 2022, sia perché molto difficilmente l'inflazione europea ritornerà velocemente vicino al 2 per cento, facendo aumentare le pressioni esercitate da alcuni suoi membri a far rispettare il suo mandato", sia perché è difficile che l'operato della Fed non eserciti una forte influenza sulla politica monetaria di tutti i Paesi del mondo inclusa l'Europa.

CRISI DELLE MATERIE PRIME, VOLA IL PREZZO DELL'ENERGIA, BORSE GIÙ E SPETTRO STAGFLAZIONE

10 marzo

Le materie prime hanno influenzato l'intera storia umana e "continuano ad avere un ruolo centrale negli equilibri tra le placche tettoniche dell'economia mondiale. In passato era il pepe, oggi è l'energia; in futuro saranno forse il coltan, il litio, il germanio, il promezio, il tulio e altri metalli i cui nomi rimandano alla mitologia greca", sottolinea Alessandro Giraudo, nel suo libro 'Storie straordinarie delle materie prime', pubblicato da Add editore.

Le conseguenze della guerra in Ucraina e la minaccia di nuove sanzioni alla Russia, questa volta estese al petrolio, scatenano in questi giorni l'ennesima ondata di tempesta sui mercati, con le Borse europee che si inabissano e i prezzi di tutte le materie prime, incluse quelle alimentari, che si impennano.

La spirale generata dal conflitto alimenta l'incubo della stagflazione, mix micidiale di alta inflazione e bassa crescita, con Barclays e Jp Morgan che hanno alzato le stime sulla prima e ridotto quelle sulla seconda. "La penuria di materie prime disponibili potrebbe determinare forti scompensi nella catena degli approvvigionamenti, con gravi ripercussioni sulla crescita e un concomitante effetto di aumento dei prezzi", sottolinea l'Asset manager Carmignac.

Gli analisti di Ubs, alla luce del quadro macro e geopolitico, hanno tagliato il loro giudizio sull'azionariato globale ed europeo. Francoforte e l'indice paneuropeo Stoxx 50 sono entrati in un 'mercato orso', avendo ripiegato di oltre il 20% dai massimi di gennaio.

Gli investitori sono stati spaventati dal balzo del petrolio, con il Brent che ha sfiorato i 140 dollari al barile, il massimo dal 2008, in scia alla minaccia americana di bloccare l'import di greggio russo. La frenata della Germania, che ha definito "essenziali" per l'Europa le forniture russe, ha fatto ripiegare il Brent, che si è comunque mantenuto sopra i 120 dollari,

Ad Amsterdam il gas si è impennato fino a 345 euro (+79%) e ha chiuso a un nuovo massimo di 227 euro (+18%). Ma tanti sono i record segnati dalle commodities, dal palladio, al rame al nichel. Mentre il grano, di cui l'Ucraina e la Russia sono grandi produttori, ha sfondato il suo massimo a Parigi, dopo che l'Ungheria ha introdotto controlli all'export di cereali.

Per Goldman Sacs la corsa dell'energia si mangerà l'1,2% del Pil europeo ma in caso di riduzione delle forniture russe l'impatto, riferibile solo al gas, salirà dallo 0,6% all'1%, per toccare il 2,2% nello scenario "più avverso" di una chiusura completa dei rubinetti. La maggiore esposizione dell'economia europea a quella russa si manifesta nella debolezza dell'euro. Niente a confronto della rotta del rublo, che le sanzioni stanno annichilendo, mentre sul mercato si ritiene sempre più probabile un Default del debito russo.

Sul Corriere della Sera, l'ex direttore Ferruccio De Bortoli rimarca: "oltre alla riduzione delle forniture di gas, la contrazione dei flussi delle materie prime alimentari sarà uno dei problemi economici da risolvere, dopo che la Russa ha scatenato la guerra in Ucraina, granaio d'Europa. I prezzi del grano duro (quello per la pasta), tenero (per il pane), del mais e pure dei concimi si sono impennati ed è la seconda ondata dopo quella del Covid. Prepariamoci all'impatto sulla filiera alimentare, anche del Made in Italy gastronomico".

Le materie prime "hanno causato guerre, portato la pace, stimolato spedizioni in terre sconosciute, dato vita a operazioni di spionaggio, stabilito nuovi equilibri tra i Paesi e gli uomini", ricorda Giraudo nel suo 'Storie straordinarie delle materie prime': "oro, argento, spezie, cereali, rame e stagno, ferro e carbone... ma anche sale e seta, caffé e cacao, mercurio e alghe, diamanti e lana hanno contribuito a fare e disfare la Storia, ad arricchire certi uomini e impoverirne altri".

PAURE BUONE E CATTIVE, ANCHE NEGLI INVESTIMENTI

11 marzo

Ci sono due modi di reagire a uno stesso evento pauroso: uno positivo, quando sappiamo che affrontare l'incertezza è il sale della vita e che superandola ci si sentirà più forti; e uno negativo, che crea un'ansia che sembra indomabile, insuperabile, e che ci fa evitare le cause che la provocano. Ma negli investimenti è proprio questa paura, provata dai più, a essere di grande aiuto per i pochi che hanno imparato a superarla e a non temerla.

Per approfondire questo argomento, trovo ancora spunto nel libro 'Ricchi per la vita', di Paolo Legrenzi e Leopoldo Gasbarro, pubblicato da Mondadori. Un esempio perfetto è proprio il rapporto tra la paura della pandemia e la paura per l'andamento delle Borse, in particolare su un mercato che era brillante da tempo: il tecnologico Nasdaq. "Quando la pandemia ci ha colpiti del tutto inaspettatamente, come se fosse arrivato un asteroide, la paura in poco tempo ha prevalso e il Nasdaq, anche lui intimorito, si è ritratto, rimpicciolito, e ha perso valore", ricordano gli autori, "ma è durato poco": gli esperti sapevano che il punto di non ritorno a favore delle tecnologie era già stato superato molto tempo fa, ben prima della pandemia, e avrebbe continuato ad agire.

Così, da marzo 2020 in avanti, costoro non hanno più considerato il Nasdaq un indice «in perdita», bensì un indice «molto conveniente da acquistare». Anzi, era conveniente proprio perché era stato in forte perdita. Sotto sotto la sostanza era la stessa. Le parole, nelle storie come nei momenti di incertezza dei mercati, sono importanti: il modo in cui viene descritto un fenomeno è cruciale, perché due descrizioni lo trasformano in due eventi diversi.

La paura buona "è quella che dà il sale al racconto e che viene dissolta, spazzata via dal lieto fine", spiegano Legrenzi e Gasbarro: "la paura cattiva è quella eccessiva, quella che generava ansia". A marzo 2020 i più hanno provato una paura diffusa che investiva tutta la vita: la salute, l'economia, gli affetti. Alcuni, pochi, si sono subito resi conto che stavano cambiando le modalità di lavoro e di tempo libero, e che questi cambiamenti ci avrebbero accompagnato per lungo tempo: un'ulteriore spinta all'uso delle tecnologie e all'aiuto fornito dalle società in pancia al Nasdaq.

Sempre più persone, col passare dei giorni, si sono accorte dei servizi intangibili che rendevano possibile questo nuovo stile di vita, e l'indice Nasdaq ha avuto di conseguenza una crescita favolosa, forse esagerata (come quando si prova un sollievo per uno scampato pericolo) ma anche benefica, perché condurrà prima o poi a una brusca correzione. La correzione stessa sarà benefica, perché farà paura, e la paura, come abbiamo visto, è il grande vantaggio per chi la sa gestire rispetto a chi ne è vittima.

MACRON LANCIA IL RECOVERY DI GUERRA, IPOTESI EUROBOND PER ENERGIA E DIFESA

15 marzo

Un Recovery di guerra, una Road map che, da qui a maggio, disegni una nuova Europa. Più concreta nella risposta militare, più lanciata verso l'autonomia energetica. E' con questo piano che Emmanuel Macron ha accolto per un summit straordinario i 27 leader europei nella Reggia di Versailles.

Sullo sfondo c'è una guerra della quale l'Ue non riesce a vedere la fine preparandosi, invece, a possibili ulteriori strette sulle sanzioni. Sarà per questo, forse, che dai falchi si cominciano a vedere delle prime aperture. Di fatto, l'intesa politica per usare delle risorse su energia e difesa c'è: è lo strumento che divide, e non poco, il Vecchio Continente. Al tavolo di Versailles il presidente francese ha delineato una sorta di cronoprogramma. Al Consiglio europeo di marzo il tema cardine sarà l'autonomia energetica. A maggio, probabilmente, potrà essere convocato un nuovo summit straordinario. Un summit al quale Macron conta di presentarsi fresco di vittoria alle presidenziali di aprile.

"Dobbiamo prendere decisioni. Oggi ci saranno discussioni strategiche, poi saranno seguite dai fatti nelle prossime settimane", ha sottolineato l'inquilino dell'Eliseo arrivando a Versailles dopo aver avuto un colloquio con Mario Draghi. "L'Ue cambierà più con la guerra che con la pandemia", è il titolo che Parigi ha dato al suo piano.

Secondo fonti europee, Bruxelles punta innanzitutto a misure di breve periodo, come un possibile tetto emergenziale ai prezzi energetici e gli stock comuni. Misure che saranno al centro del vertice di Bruxelles di fine marzo. Ma ci sarebbero anche obiettivi di lungo periodo, a partire dall'uscita dal cono d'ombra energetico di Mosca entro il 2027. E di questo, oltre che del comparto difesa, i leader potrebbero parlarne a maggio. Sugli strumenti da adottare, il dibattito a Versailles è partito come previsto in salita.

Con l'Ue divisa tra chi spinge per un fondo ex novo per la nuova emergenza e chi, come la Germania, prima del vertice ha fatto sapere di non ritenere l'argomento neppure in agenda. Per i falchi - ma anche per una parte della Commissione - i soldi già ci sono. "Non c'è un secondo Recovery Plan, il primo è irripetibile", è stata la chiusura dell'olandese Mark Rutte. Eppure, nel fronte del Nord, qualche apertura si intravede. Il cancelliere austriaco Karl Nehammer ha sorpreso tutti parlando nettamente di "investimenti comuni necessari".

"È stato così per la pandemia e ora stiamo vivendo una guerra", sono state le sue parole. Mentre la premier svedese Magdalena Andersson da un lato ha definito gli eurobond "un alibi per gli Stati per non pagare" ma dall'altro ha sottolineato l'esigenza di "finanziamenti di lungo termine per la difesa". "Usiamo il bilancio comune per attuare la bussola strategica e rendere l'Unione della difesa una realtà", gli ha fatto eco la presidente del Parlamento Ue Roberta Metsola.

LA FED ALZA I TASSI DI UN QUARTO DI PUNTO, PRIMO AUMENTO DAL 2018

17 marzo

La Federal Reserve ha alzato ieri i tassi di interesse di un quarto di punto, portandoli in una forchetta fra lo 0,25% e lo 0,50%. Per la banca centrale americana è il primo rialzo dal dicembre 2018.

Al termine della due giorni di riunione, l'Istituto centrale rileva che la guerra in Ucraina potrebbe creare pressioni inflazionistiche e rallentare la crescita. Si stimano sette rialzi dei tassi di interesse nel 2022, si prevede una crescita americana al 2,8% quest'anno e al 2,3% nel 2023, mentre l'inflazione è stimata quest'anno al 4,3% e il prossimo al 2,7%.

Sono stati proprio i recenti aumenti dell'inflazione a indurre la banca centrale a stringere la sua politica monetaria. Questo dovrebbe rallentare la corsa dei prezzi ma potrebbe anche causare contraccolpi sulla crescita economica. "L'economia è molto forte e la Fed prevede che continuare sulla strada dei rialzi dei tassi è appropriato", ha detto il governatore Jerome Powell. "Le chance di recessione non sono particolarmente alte" ha aggiunto Powell, sottolineando che "l'economia americana farà probabilmente bene con una politica monetaria meno accomodante. Molti analisti hanno paventato di recente la possibilità di una recessione o di una stagflazione americana".

La Federal Reserve prevede che l'inflazione torni al 2%, ma il ritorno richiederà più tempo del previsto, ha spiegato Powell. "Come sottolineiamo nel nostro statement, con un adeguato rafforzamento della politica monetaria, prevediamo un ritorno dell'inflazione al 2%, mentre il mercato del lavoro rimane forte"" ha affermato.

Powell ha anche detto che prima dell'invasione dell'Ucraina le previsioni erano per un picco dei prezzi al consumo nel primo trimestre, una certa stabilità e poi un calo verso fine anno. "Ora vediamo l'inflazione in salita nel breve termine, anche a causa dei prezzi dell'energia e del carburante – fa notare Powell –. l'aspettativa è ancora che l'inflazione inizierà a calare nella seconda parte dell'anno, ma rimarrà alta fino alla metà dell'anno". Tiepida la reazione delle Borse. A Wall Street l'indice S&P500 ha azzerato i guadagni di giornata dopo l'annuncio. Balza all'1,97% il rendimento dei titoli di Stato decennali Usa con contestuale calo dei prezzi.

INFLAZIONE ALTA, STRETTA MONETARIA E PER I BOND GLOBALI IL PEGGIORE INIZIO D'ANNO DI SEMPRE

31 marzo

Gli investitori escono dal mercato obbligazionario e vanno su quello azionario, che protegge meglio in caso di inflazione. Con quale effetto? Da inizio anno le performance medie dei Bond globali sono negative del -6,3%, in termini di ritorno totale. Finora, quindi, da gennaio a marzo, è il peggiore anno di sempre.

Nel mercato obbligazionario a livello mondiale, i rendimenti sono saliti, tanto che ormai solo il 7% dei Titoli di Stato globali ha ancora tassi nominali negativi contro il 50% di agosto 2019. I rendimenti decennali tedeschi sono arrivati a 0,58%, rispetto al -0,18% di inizio anno. E sono stati i tassi tedeschi a 2 anni a fare il balzo maggiore: nel solo mese di marzo sono saliti di 40 punti base (rialzo mensile più alto dal 2011), arrivando a - 0,06%. Per contro, sono caduti i prezzi dei Bond.

Il motivo principale di questo terremoto obbligazionario va rintracciato nei comportamenti delle Banche centrali di fronte a un Caro-vita che sale in maniera strutturale. In sostanza, preoccupa più l'inflazione della crescita economica.

La stretta monetaria, in fase di sviluppo da parte delle Banche centrali, ha cambiato le aspettative: i mercati finanziari oggi sono convinti che la Fed aumenterà i tassi 10 volte nel 2022, mentre lo scorso dicembre prevedeva solo 4 rialzi. E, di conseguenza, i rendimenti dei Titolo di Stato si sono adeguati al rischio finanziario.

Il problema è che si fa sempre più strada il timore che la stretta monetaria possa pesare sulla crescita economica in futuro.

Allo stesso tempo, questo cataclisma sui mercati obbligazionari è una delle concause della forza delle Borse.

Attualmente il rendimento del mercato azionario (earning yield) supera i rendimenti reali dei Titoli di Stato di 5,79 punti percentuali negli Stati Uniti e di 9,33 punti in Europa.Ciò significa che chi investe in azioni ha un premio per il rischio in Europa maggiore di quello di inizio anno: un incentivo in più a spostarsi dai Bond alle Borse. E nei prossimi mesi cosa succederà? Molto dipenderà dal comportamento delle Banche centrali, da come e quanto porteranno avanti politiche di stretta monetaria sui tassi di interesse.

APRILE

CRISI, CAMBIAMENTO E TRASFORMAZIONE

4 aprile

C he sia in ambito lavorativo, scolastico o nella vita privata, i cambiamenti sono normali – anche se la loro portata può fare la differenza –, e si verificano quasi tutti i giorni. Imparare a gestirli può aiutarci a crescere, e a fare meglio. Eppure, non è sempre facile adattarsi alle nuove situazioni che la vita offre, ancora di più se sono inaspettate.

La vita ci offre un'infinità di esperienze, ma anche numerosi ostacoli da affrontare. Sebbene un periodo di cambiamenti non debba essere necessariamente negativo, anzi può rappresentare un'opportunità, può rappresentare una minaccia concreta alla nostra stabilità. Cambiare è senz'altro spiacevole e fastidioso, inoltre richiede una riorganizzazione della propria realtà.

Nella vita si presentano molte crisi. Alcune richiedono solo un cambiamento di comportamento, la necessità di fare qualcosa di leggermente diverso. Altre "richiederanno che tu impari a fare qualcosa: per esempio, può essere necessario espandere l'intelligenza emotiva oppure quella intellettiva", rimarcano Robert Dilts e Giorgio Nardone nel loro libro 'Il coraggio di cambiare', pubblicato da Roi edizioni. E osservano: "alcuni cambiamenti richiederanno che operi una trasformazione più profonda, e porteranno a un mutamento delle tue priorità e delle tue motivazioni". Un cambiamento di questo tipo è molto più significativo di una leggera correzione di rotta.

"Va poi sottolineato che", fanno notare Dilts e Nardone, "se le nostre convinzioni cambiano, cambierà anche tutto il resto, se cambiano le convinzioni, cambierà anche il modo in cui pensiamo, ciò che facciamo e dove lo facciamo. Al livello dell'identità e dello scopo, se operiamo un cambiamento sulla nostra identità, inevitabilmente porterà a un cambiamento generale".

Quando ci troviamo a gestire il cambiamento – che sia all'interno di un'organizzazione o abbia a che fare con un individuo, nell'ambito della salute, di una relazione o del lavoro – la grande domanda è: "Cosa sta cambiando?", "Cosa devo cambiare in me per essere in grado di affrontare il cambiamento con successo ed essere in grado di raggiungere lo stato desiderato?". Probabilmente a un certo punto dovrò cambiare comportamento, ma per sapere quale comportamento cambiare dovrò cambiare la mia mentalità e i miei valori. Ecco un altro punto importante: il livello del cambiamento determina il grado della trasformazione.

Lo psicoterapeuta Demián Bucay afferma che in situazioni di cambiamento è possibile che i guadagni superino le perdite, anche se questo non significa non provare dolore per ciò che ci siamo lasciati alle spalle. Provare dolore è normale quando dobbiamo accettare che una fase della nostra vita si è conclusa. Dunque, guardare in avanti può aiutarci a concentrarci sulla situazione con maggiore serenità e consapevolezza. Il passato non tornerà, ma abbiamo a disposizione il presente, a volte ricco di opportunità, che ci permetterà di costruire poco per volta il nostro futuro.

LA GUERRA TRA RUSSIA E UCRAINA GONFIA L'INFLAZIONE E TAGLIA LA CRESCITA IN ITALIA

9 aprile

La guerra tra Russia e Ucraina taglia le prospettive di crescita (anche) per l'Italia, gli scenari – tutti foschi – restano più incerti che mai, mentre "produrre è diventato antieconomico", rimarca il presidente di Confindustria, Carlo Bonomi.

E tutto questo mentre il Paese continua a subire l'ondata inflattiva, spinta da energia e carburanti: le stime di marzo diffuse dall'Istat fotografano, per il nono mese consecutivo, un'accelerazione dei prezzi che, con un balzo di ben un punto sul dato tendenziale di febbraio, porta l'inflazione al 6,7% su marzo 2021.

Un livello così alto non si vedeva da trent'anni cioè dal luglio del 1991: anno shock per l'Italia che si vide allora, per la prima volta, messa alla porta dal club dei Paesi tripla A. Il dato dell'inflazione di marzo è risultato superiore alle stime spingendo lo spread oltre quota 150 punti. Il caro prezzi è la spina nel fianco delle famiglie italiane - che secondo i consumatori potrebbero dover affrontare maggiori spese superiori ai 2.000 euro - ma anche delle prospettive di crescita.

In questo quadro il debito pubblico del Paese, al 150,8% del Pil nazionale nel 2021, per effetto della revisione del Pil nominale effettuata dall'Istat, scenderà di 4 punti nel 2022 (al 146,8%), per continuare il suo percorso in calo in tutto il periodo fino al 141,2% previsto nel 2025. Imprenditori e industriali lamentano che il caro-energia in molti casi alza i costi di produzione a livelli tali che non vengono neanche coperti con le vendite dei prodotti, per cui produrre non conviene. Il presidente di Confindustria sottolinea: "grazie alla resilienza delle nostre imprese, che non alzano subito costi e prezzi dei loro servizi, ma semmai li riducono e frenano".

Un capitano d'azienda come Bonomi sottolinea anche che "se abbiamo l'inflazione generale al 6,7% e quella cosiddetta 'core' all'1,7%, mentre in Europa è al 3%, è anche perché abbiamo assorbito nelle nostre filiere gli aumenti delle materie prime, quando le troviamo, e dell'energia. Il 16% delle imprese ha ridotto o interrotto le produzioni, se continuiamo così si aggiungerà un altro 30% nei prossimi mesi. Se andiamo a scartamento ridotto è un problema per il Paese", ha ribadito Bonomi.

ELEZIONI PRESIDENZIALI FRANCESI, MACRON IN TESTA SULLA LE PEN: ENTRAMBI A CACCIA DEL MALCONTENTO POPOLARE

14 aprile

Dopo il primo turno delle elezioni presidenziali francesi, il presidente in carica Emmanuel Macron si conferma in testai, con il 27,8% dei voti, davanti a Marine Le Pen della destra francese, al 23%. Il terzo classificato, Jean-Luc Mélenchon, della sinistra (Gauche), ottiene il 21,9% dei voti, e resta escluso dal secondo turno elettorale, tra due settimane, che vedrà contrapposti Macron e la Le Pen.

L'astensione è stata del 26%, il livello più alto degli ultimi 20 anni, dal primo turno presidenziale del 2002, quando fu del 28%, segno che un francese su quattro non ha votato e non si sente adeguatamente rappresentato dai candidati e dai partiti in lizza.

All'indomani di quello che è stato comunque un successo elettorale, Jean-Luc Mélenchon si pone come 'arbitro' nella sfida tra i due principali candidati qualificatisi al ballottaggio del 24 aprile, e sogna la 'coabitazione' con il futuro inquilino dell'Eliseo dopo le elezioni legislative di giugno. Il tribuno della Gauche si è mostrato ambiguo, invitando i suoi elettori a "non dare un solo voto" a Le Pen, ma senza appoggiare Macron. Che al primo turno ha fatto il pieno di voti, il 4% in più rispetto a quando fu eletto nel 2017, e ha tenuto a distanza lo spauracchio Le Pen.

Ma tutto può tornare in discussione fra 15 giorni e se il leader uscente può contare sul sostegno di buona parte della destra e della sinistra, i calcoli degli analisti dicono che su Marine Le Pen convergerà almeno il 7% dei voti in più rispetto a quelli che prese nella sfida persa di 5 anni fa: quelli di Eric Zemmour, che ha esortato i suoi sostenitori a votare per lei. I primi sondaggi verso il 24 aprile comunque premiano Macron: secondo uno studio Ipsos Sopra Steria per Le Parisien, verrebbe riconfermato all'Eliseo con il 54% delle intenzioni di voto.

Il resto del panorama delle elezioni francesi "vede la definitiva evaporazione della destra neogollista e della sinistra moderata, guidata da un partito socialista la cui candidata, Anne Hidalgo, è malinconicamente al 2%", sottolinea l'agenzia Ansa. Male anche gli ecologisti, con Yannick Jadot sotto la soglia del 5% nel pieno di un'emergenza climatica che è stato il tema più ignorato in campagna elettorale. A sinistra resta, più che mai, il solo Mélenchon, che ha lanciato la sua Opa sulla auche, proponendosi come guida di un nuovo "polo popolare".

La battaglia del ballottaggio è già cominciata: intanto i Bookmaker lanciano Emmanuel Macron per la vittoria del ballottaggio per le presidenziali in Francia: secondo gli analisti di Snai, la conferma del presidente uscente vale 1,15. Come riporta l'agenzia specializzata Agipronews, la leader del partito di estrema destra resta lontana, con la quota di 4,50.

DARE L'ESEMPIO, AUTOCONSAPEVOLEZZA, CONNESSIONI EMOTIVE

16 aprile

Questa volta voglio parlare di tre concetti – tre aspetti della nostra vita e del nostro lavoro – molto importanti: autoconsapevolezza, automodellamento, e autoancoraggio.

Per trattarne il loro significato più pertinente per queste pagine online, anche in questo caso (come, ad esempio, nel Blog Post del 4 aprile) faccio riferimento al libro 'Il coraggio di cambiare', di Robert Dilts e Giorgio Nardone, pubblicato da Roi edizioni. Nel volume gli autori ricordano la vicenda, che risale ad alcuni anni fa, dell'aereo di linea appena decollato dall'aeroporto di New York che per un'avaria ai motori venne fatto planare dal suo pilota sul fiume Hudson. Tutti salvi e pilota eroe.

Nel libro si evidenzia: "il nostro ego ha paura, ma abbiamo a disposizione qualcosa di molto più grande dell'ego: il coraggio deriva dalla capacità di connetterci con qualcosa di più grande della paura".

In quel 'miracolo sul fiume Hudson', il pilota ha dichiarato: "avevo paura per me stesso, ma ero anche il comandante di quel volo e la mia missione era quella di garantire la sicurezza dei duecento passeggeri. Quindi ho mantenuto la calma per loro". La paura non è la nostra identità. Il pilota ha anche parlato dell'importanza della pratica. Per padroneggiare il nostro gioco interiore, dobbiamo essere in grado di gestire qualunque sensazione ci si presenti senza che ci porti fuori dalla nostra "zona di eccellenza". Come possiamo farlo? Attraverso l'autoconsapevolezza e l'automodellamento. Il pilota ha anche spiegato che lui e l'equipaggio si erano sottoposti a innumerevoli addestramenti per gestire ogni possibile emergenza.

Un altro aspetto interessante è che, quando hanno chiesto al pilota come abbia fatto a rimanere così calmo, la sua risposta è stata che il fatto che sia l'equipaggio sia i passeggeri siano rimasti calmi ha aiutato enormemente. Ma hanno fatto la stessa domanda all'equipaggio e ai passeggeri, e tutti hanno risposto che la calma del capitano li aveva aiutati a rimanere calmi. Ecco cosa è successo: se il tempo e la situazione in cui ci si trova è fonte di risorse, tutti si mantengono in uno stato di risorsa. Tutti danno un contributo positivo, e non negativo (come l'agitarsi, perdere la calma e la lucidità).

È un'applicazione di una recente scoperta fatta proprio in Italia: quella dei neuroni specchio. Se vediamo qualcuno fare qualcosa, senza che ci pensiamo, senza che nemmeno proviamo a fare qualcosa, una parte del nostro cervello lo rispecchia. Questo fenomeno non vale solo per le azioni fisiche: vale anche per gli stati emotivi. Quindi, ancora una volta, i neuroni specchio ci connettono con l'altro senza alcuna connessione fisica.

Da tutto ciò, e da quella vicenda del 'miracolo sul fiume Hudson', deriva evidente l'importanza di dare l'esempio, l'importanza dell'autoconsapevolezza, automodellamento (collegato al dare un esempio positivo), e delle connessioni emotive. Come dicevo all'inizio di questo Blog Post, sono fattori che riguardano sia la nostra vita privata sia quella professionale, sul lavoro, nel rapporto e nelle attività con i colleghi.

Nel dare un esempio positivo, e per quanto riguarda autoconsapevolezza e connessioni emotive, com'è la situazione per quanto riguarda il tuo lavoro e il tuo Team di lavoro? Mi interesserebbe ricevere le vostre osservazioni e considerazioni, per approfondire l'argomento.

Buone connessioni emotive e positive a tutti.

LE PROSPETTIVE: TRA I NODI DELL'ENERGIA, INFLAZIONE ALTA E POLITICA MONETARIA POST-EMERGENZA

20 aprile

Il quadro internazionale è drasticamente cambiato nel breve giro di qualche settimana. Oltre alla pandemia, che comunque resta tra i fattori di rischio, c'è ora da mettere nel conto l'aumento dei tassi di interesse bancari – che sarebbe causa soprattutto del balzo dell'inflazione –, e il possibile apprezzamento del tasso di cambio dell'euro, superiore a quanto ipotizzato nel quadro tendenziale. Secondo l'Istat, a marzo 2022 l'indice nazionale dei prezzi al consumo registra un aumento dell'1,2% su base mensile e del 6,7% su base annua (da +5,7% del mese precedente). Un simile livello di inflazione non si registrava dal luglio 1991.

Ma il fattore di rischio più rilevante è legato alla guerra in Ucraina, in particolare per l'impatto sul sistema produttivo di un ulteriore inasprimento delle sanzioni nei confronti di Mosca, che possa condurre all'interruzione degli afflussi di gas e petrolio dalla Russia: "concorrono a una drastica frenata del Pil, l'incremento del costo dell'energia e delle altre materie prime, l'inflazione annua che viaggia ormai nei dintorni del 7%, il peggioramento delle aspettative e del clima di fiducia di famiglie e imprese", rimarca IlSole24Ore.

Nel dettaglio delle dinamiche inflazionistiche: a marzo, l'accelerazione dell'inflazione su base tendenziale (annua) è dovuta prevalentemente ai prezzi dei beni energetici, la cui crescita passa da +46% di febbraio a +53%, in particolare a quelli della componente non regolamentata (da +31% a +39%), e, in misura minore, ai prezzi dei beni alimentari e a quelli dei beni durevoli.

Volano i prezzi dei beni energetici regolamentati, che continuano a essere quasi doppi di quelli registrati nello stesso mese dello scorso anno (+94,6%, come a febbraio). A marzo, commenta ancora l'Istat, le "tensioni inflazionistiche continuano a diffondersi con la crescita dei prezzi del cosiddetto 'carrello della spesa', che accelera di quasi un punto percentuale, portandosi a +5%".

Quanto durerà questa super inflazione? "Di sicuro, fino a quando proseguirà l'instabilità internazionale e anche oltre", osserva Morya Longo su IlSole24Ore, ma non solo: "l'inflazione è oggi per due terzi causata dal rincaro dell'energia, ma ci sono elementi più strutturali che non la faranno tornare ai livelli pre-Covid".

La Banza centrale europea, di fronte a una situazione così articolata, conserva tutta l'opzionalità di cui ha bisogno, pur avendo ben chiaro l'obiettivo della normalizzazione. In ogni caso "resta pronta a modificare tutti gli strumenti, QE compreso, nel rispetto del mandato, incorporando la flessibilità se è richiesto dalla situazione, per assicurare che l'inflazione si stabilizzi all'obiettivo del due per cento nel medio termine".

La flessibilità ha finora permesso alla Bce di evitare la frammentazione del sistema finanziario di Eurolandia e mantenere gli Spread entro i limiti sostenibili, adattando gli acquisti di titoli (QE, Quantitative easing). Ma la presidente della Bce Lagarde ha ora negato di voler introdurre un controllo degli Spread, indicando che l'obiettivo è garantire che la catena di trasmissione della politica monetaria funzioni ovunque. Vedremo se sarà così.

CHI SARANNO I PROSSIMI FAANG, DOPO LE BIG TECH STORICHE COME FACEBOOK E NETFLIX?

22 aprile

Un tempo l'acronimo Faang stava per: Facebook, Apple, Amazon, Neflix e Google, le 5 Big tech americane, le regine dei mercati digitali e di Wall Street. E, più in generale, è diventata la sigla, la categoria, con cui si indicano le società tecnologiche a elevata capitalizzazione ed elevata crescita.

E ora che Facebook e Netflix non vivono più i trionfi di un tempo, anzi, presentano bilanci trimestrali in allarmante discesa, diversi giornali e siti web – come IlSole24Ore e SoldiOnLine – si interrogano su quali saranno le prossime Faang. Qualcuno suggerisce: Faang oggi sta per Fuels, Aerospace, Agriculture, Nuclear e Gold. I settori che in questo 2022 stanno raccogliendo più capitali. In pratica, da un acronimo e un'etichetta (prestigiosa) ricavati dalle iniziali delle società Hi-tech più performanti, ora si sta passando a una nuova versione che indicherebbe invece i settori di attività che presentano i risultati e le prospettive migliori.

Del resto, alla luce delle ultime trimestrali presentate ad analisti e investitori, a Facebook e Netflix di Faang è rimasto ben poco, un lontano ricordo dei grandi fasti degli anni passati. La perdita di 200mila abbonati di Netflix nel primo trimestre del 2022, e il conseguente crollo a Wall Street (-35%, da 340 dollari a 226 dollari), rendono evidente che molto nell'Olimpo delle Big tech è cambiato o sta cambiando.

Per capire qual è stata la prima occasione in cui si è parlato pubblicamente di Faang occorre tornare indietro di qualche anno, quando nel 2013 il presentatore americano Jim Cramer utilizzò questo termine durante una trasmissione sulla Cnbc. Da quell'episodio il termine ha acquisito sempre più piede nei dibattiti finanziari e oggi, perlomeno tra gli addetti ai lavori, rappresenta quasi un sostantivo vero e proprio. Le azioni Faang hanno conseguito negli ultimi anni delle performance eccezionali e oggi costituiscono circa l'1% dello Standard

& Poor's 500, il che le rende il principale motore della borsa americana, oltre che un riferimento per l'economia mondiale.

Ma oggi Netflix sembra essere uscita dal ristretto gruppo dei colossi tecnologici 'pigliatutto' e in forte crescita da anni, anche a fronte di competitor sempre più agguerriti, come DisneyPlus e Apple Tv, che hanno deciso di puntare sulla qualità dei propri prodotti televisivi, e Amazon Prime Video, che si è focalizzata sulla quantità dei contenuti proprietari ed esclusivi.

Sempre per quanto riguarda la celebre piattaforma di video streaming che ora perde abbonati e consensi a livello internazionale, alcuni analisti mettono in luce i segnali di un trend negativo, come il rallentamento dei ricavi e della crescita di nuovi utenti a partire dal novembre dello scorso anno. Per il futuro di Netflix sono poi "molto deludenti" le prospettive per il secondo trimestre "con un possibile calo di 2 milioni di abbonati e un forte rallentamento del fatturato".

Chi saranno allora i prossimi Faang, le società tecnologiche a più alta capitalizzazione e crescita? "Un nome è molto facile, vista la crescita e l'enorme capitalizzazione", fa notare SoldiOnLine, e sarebbe "Tesla di Elon Musk". Poi i "gruppi di semiconduttori come Intel, Nvidia e Amd". Molti addetti ai lavori hanno fatto anche il nome di Spotify e Virgin Galactic come possibili alternative. E forse anche Twitter, se dovesse avere successo l'offerta ostile lanciata da Elon Musk sulla piattaforma social. Vedremo come si evolverà il mercato, e il mondo digitale: dopo i colossi che hanno fatto la storia di questi ultimi due decenni, ora "cercansi" nuovi Faang e nuovi protagonisti.

ELON MUSK SI COMPRA TWITTER, MA L'APP PIÙ USATA AL MONDO È LA CINESE TIKTOK

29 aprile

Twitter ha detto sì a Elon Musk. Il consiglio di amministrazione della 'società che cinguetta' ha accettato l'offerta del valore di 44 miliardi di dollari da parte del patron di Tesla, in quello che è uno dei maggiori Leverage buyout, acquisto anche attraverso il debito, di una società quotata. Con l'accordo, Twitter si appresta a lasciare Wall Street e diventare una società privata interamente controllata dal miliardario visionario.

In sole 24 ore, Musk la scorsa settimana aveva annunciato un utile record per Tesla, rivelato di essersi assicurato i finanziamenti per rilevare Twitter e trovato tempo per promuovere con una serie di cinguettii la sua Space X, specializzata nel turismo spaziale.

Nell'ultimo decennio Musk è diventato l'uomo più ricco del mondo con le sue 'scommesse', e lo ha fatto ricoprendo contemporaneamente più incarichi, fra i quali il numero uno di Tesla e di Space X. Nel 'tempo libero' ha lanciato start up e intrattenuto i suoi milioni di follower su Twitter. Musk ora ha anche la società che cinguetta nel suo impero, suscitando la curiosità degli osservatori che si chiedono come riuscirà a bilanciare tutti i suoi innumerevoli impegni.

"Non mi piace il management, e non mi piace essere il boss di nessuno", ha detto il patron di Tesla la scorsa estate. "Ma ci sono alcune cose importanti che vanno raggiunte e che sono importanti per il futuro del mondo, e quindi qualche volta - aveva ammesso - devo fare il boss".

Intanto TikTok, il Social network della cinese ByteDance, risulta essere l'App più scaricata in tutto il mondo, Stati Uniti compresi, a inizio 2022, superando quota 3,5 miliardi di download da quando è disponibile sul mercato. Lo rileva la società di analisi Sensor Tower nel suo ultimo report. Twitter si piazza nel mondo al 16esimo posto delle applicazioni più scaricate. A completare le prime cinque posizioni insieme a TikTok ci sono Instagram, Facebook, WhatsApp e Telegram. Il distacco tra TikTok e il Social network guidato da Mark Zuckerberg risulta abbastanza evidente, in quanto si parla di circa 160 milioni di download.

Come riporta il sito Techcrunch, dall'inizio del 2022 TikTok è stato scaricato più di 175 milioni di volte e ha superato i 10 milioni di download negli ultimi nove trimestri, mentre YouTube ha superato la stessa soglia per otto trimestri consecutivi. Nessuna App ha avuto più download di TikTok dall'inizio del 2018, anno in cui WhatsApp ha avuto 250 milioni di download in tutto il mondo, sempre secondo il rapporto di Sensor Tower.

Considerando i download complessivi degli Stati Uniti, TikTok è stata la migliore App per ogni trimestre dal primo trimestre del 2021. L'ultima App a battere TikTok è stata Zoom nel quarto trimestre del 2020, applicazione esplosa in piena pandemia e Lockdown. Twitter invece non è così popolare e utilizzata dalle grandi masse, ma è il Social network più usato e apprezzato da Opinion leader, politici e personaggi di spicco, come Elon Musk.

MAGGIO

C'È NUOVA PROPENSIONE ALL'INVESTIMENTO E CRESCE LA FIDUCIA NEI CONSULENTI FINANZIARI

4 maggio

Questo inizio di 2022 dà segnali importanti e interessanti per il mondo della finanza personale: c'è una nuova propensione all'investimento, e cresce la fiducia nei consulenti finanziari. Lo rileva un'analisi realizzata da Ipsos e Prometeia, e ripresa da Milano Finanza.

Ecco cosa emerge: innanzitutto, rispetto alle crisi precedenti, quella in atto all'indomani dell'invasione russa dell'Ucraina potrebbe essere diversa. Sia perché non accompagnata, per ora, a una recessione economica, ma anche in virtù di famiglie italiane meno inclini a rivedere le scelte di Portafoglio in fasi di turbolenze dei mercati.

Le famiglie italiane stanno reagendo in modo diverso rispetto alla precedente crisi di due anni fa del Covid 19, perché il calo del risparmio – dovuto in buona parte all'erosione provocata dall'inflazione – non si accompagna a un boom della liquidità e dei disinvestimenti. "Quando è scoppiata la pandemia, i mercati finanziari hanno registrato cali molto repentini e i risparmiatori hanno reagito spostando buona parte degli investimenti in liquidità", fa notare l'indagine Ipsos-Prometeia: "in questa fase, invece, le famiglie capiscono che parcheggiare i risparmi significa mettere in conto una perdita del valore del loro patrimonio, proprio per effetto dell'inflazione. Quindi nonostante abbiano meno risparmio tendono a non scappare dall'investimento: si nota una maggiore razionalità, addirittura il 30% ritiene che questo sia il momento giusto per aumentare l'esposizione ai mercati sfruttando i ribassi".

Alla domanda rivolta da Ipsos alle famiglie sull'atteggiamento migliore da tenere in questa fase di turbolenza dei mercati finanziari, il

60% ha risposto che bisogna restare fermi sulle proprie posizioni (il 64% nel 2020), per ben il 30% è il momento giusto per investire (dal 20% della prima ondata della pandemia), e di contro c'è un netto calo della quota di investitori che propende per riscattare e tenere i soldi liquidi: era il 17%, oggi la pensa così il 10%.

A un nuovo atteggiamento nel reagire ai periodi di crisi, a una maggiore consapevolezza nei confronti degli investimenti, si accompagna una sempre crescente quota di investitori (con patrimonio finanziario superiore ai 25mila euro) che ritiene opportuno scegliere gli investimenti affidandosi a professionisti, visti come stabilizzatori della fiducia in questo generale clima di incertezza: ora la quota è al 72%, rispetto al 55% di due anni fa. "Questa nuova propensione all'investimento si unisce alla maggiore fiducia nei consulenti e gestori finanziari di riferimento", rimarcano gli analisti di Prometeia: "l'industria del risparmio gestito è in un momento di rilancio, e può svolgere un ruolo attivo nel supportare le famiglie. Ciò crea più competizione tra gli operatori".

Nonostante un inizio d'anno difficile per i mercati, stretti tra guerra in Ucraina e rialzo dei tassi che hanno inflitto perdite pesanti ad azioni e Bond, la raccolta netta di fondi e gestioni dei primi due mesi è rimasta sempre positiva, proseguendo la dinamica di crescita del 2021: gli ultimi dati Assogestioni di febbraio rilevano 10 miliardi di euro, dopo i 93 miliardi dello scorso anno che era stato il migliore dal 2017.

Dal Report emerge anche che si riesce ad accumulare di meno, per effetto del rallentamento dei redditi a fronte di inflazione in aumento: la propensione al risparmio delle famiglie, risalita in tempi di pandemia al 12%, è adesso vista al 9% per quest'anno e il prossimo e all'8% nel 2024. Rispetto alle previsioni che aveva Prometeia a novembre, questo significa circa 30 miliardi in meno di flussi investiti al 2024. Se nel 2021 gli investimenti delle famiglie nei vari strumenti finanziari avevano toccato i 120 miliardi, per il 2022 si attende una contrazione a poco più di 60 miliardi. Il risparmio diventa una risorsa più scarsa con la conseguenza che potrebbe aumentare la concorrenza tra gli operatori per intercettare i flussi. "La difficoltà", rileva Milano Finanza, "è proporre offerte d'investimento che siano in grado di coprire da un'inflazione in corsa verso la doppia cifra".

DECRETO LEGGE AIUTI, NUOVE MISURE DI SOSTEGNO PER CITTADINI E IMPRESE IN DIFFICOLTÀ

5 maggio

In arrivo nuove misure di sostegno per cittadini e imprese in difficoltà. Il Presidente del Consiglio, Mario Draghi, ha presentato ieri i contenuti del Decreto-legge Aiuti. Il provvedimento del governo "si estende in molte aree", sottolinea il Premier: "approviamo liberalizzazioni, riforme nel settore delle energie rinnovabili, che ci permettono di accelerare la transizione ecologica, di fare quello scatto negli investimenti nelle rinnovabili, che contribuiranno a renderci più indipendenti dal gas russo".

E Draghi osserva: "credo che questo piano appena sarà pronto in tutti i dettagli possa essere reso pubblico, a breve, a brevissimo tempo". Dal punto di vista economico, poi, la fase che stiamo attraversando "non è una recessione, ma un rallentamento. Già oggi ci sono dei dati che mostrano come a marzo ci siano stati 800mila occupati in più rispetto a un anno fa. Sono dati positivi. Ci sono segnali di ripresa dell'occupazione a tempo indeterminato".

Ecco alcune delle principali misure e interventi previsti dal Dl Aiuti: arriverà un contributo una tantum da 200 euro per dipendenti e pensionati fino a 35mila euro di reddito. Sale al 25% la tassa sugli extraprofitti delle grandi aziende energetiche che andrà a finanziare il pacchetto di aiuti per i pensionati e i lavoratori contro l'inflazione.

Il Dl Aiuti stanzia poi tre miliardi per la rivalutazione dei prezzi delle opere pubbliche, sia per i progetti già avviati che per quelli da avviare col piano nazionale, mentre il ministro dell'Economia poi ha affermato di sperare che possa essere raggiunto nel 2023 il ritorno dell'economia italiana ai livelli di Pil pre-pandemia, slittato a causa della guerra in Ucraina.

Oltre alla conferma del taglio di 30 centesimi delle accise sui carburanti, che durerà fino all'8 luglio e che si estende anche al metano, arriva poi uno sconto per gli abbonamenti ai trasporti: è dedicato in particolare agli studenti e ai lavoratori.

Per le famiglie diventa poi retroattivo il bonus sociale per le bollette: eventuali pagamenti di somme eccedenti sarà automaticamente compensato in bolletta una volta presentato l'Isee. Arrivano anche aiuti per gli affitti (100 milioni di euro al Fondo nazionale per il sostegno all'accesso alle abitazioni in locazione), mentre per le imprese ci sarà un'estensione del credito di imposta per le energivore, e arriva anche un fondo da circa 200 milioni di euro che erogherà aiuti a fondo perduto alle aziende con forti interscambi con le aree coinvolte nella guerra (Russia, Ucraina e Bielorussia).

Avranno una 'corsia rapida', grazie a una serie di semplificazioni, quelle che effettueranno investimenti oltre i 50 milioni di euro in produzioni strategiche. Inoltre, a sostegno degli obiettivi del Pnrr, arriva un fondo da 600 milioni di euro per le grandi città.

LA FED ALZA I TASSI DI MEZZO PUNTO, L'AUMENTO PIÙ ALTO DA 22 ANNI

6 maggio

La Federal Reserve ha alzato i tassi di riferimento sui Fed Funds dello 0,50%, portandoli all'interno di una forchetta compresa tra lo 0,75 e l'1%, e ha annunciato che avvierà la riduzione del proprio bilancio a partire da giugno.

Il rialzo di mezzo punto sul costo del denaro era atteso dal mercato e rappresenta l'intervento più ampio da maggio 2000, quindi da 22 anni. L'obiettivo è contrastare l'inflazione, volata a marzo all'8,5% negli Stati Uniti, come non accadeva dal 1981. È "davvero troppo alta" e va ridotta "velocemente", ha avvertito il presidente della banca centrale americana, Jerome Powell. Per questo, ha fatto sapere che ulteriori ritocchi verso l'alto dello 0,50% del costo del denaro "saranno sul tavolo" dell'istituto centrale statunitense anche in occasione dei "prossimi due direttivi", in calendario a metà giugno e a fine luglio.

Per il momento, comunque, la Fed "non sta attivamente considerando" un rialzo dello 0,75%, il vero spauracchio temuto dagli investitori: parole che ieri hanno messo le ali a Wall Street. Powell è sicuro che la Fed ha gli strumenti adeguati per contrastare la corsa del costo della vita e che riuscirà a riportarlo sotto controllo.

Del resto, "l'economia a stelle e strisce è forte e ben posizionata", ha rilevato. Nonostante il calo del Pil dell'1,4% su base annualizzata registrato nel primo trimestre, ha spiegato il presidente della Fed, "le spese dei consumatori e gli investimenti fissi delle aziende sono rimasti forti", come spiega IlSole24Ore.

A contrastare la corsa dei prezzi sarà anche la riduzione del bilancio dell'istituto monetario, schizzato fino alla stratosferica cifra di circa 9mila miliardi di dollari per sostenere l'economia durante la crisi provocata dal Covid 19. La stretta sarà pari a 47,5 miliardi di dollari al mese a giugno, luglio e agosto, e accelererà a 95 miliardi da settembre. Wall Street ha chiuso in buon rialzo dopo il direttivo della Fed che ha alzato, come previsto, i tassi dello 0,50%.

L'incertezza resta l'elemento centrale dell'attuale situazione. La Fed ne è consapevole ma, soprattutto, "si impegnerà a evitare di aggiungere altra incertezza a questi tempi straordinariamente impegnativi e incerti", ha detto Powell. Non ha introdotto una Forward guidance piena, lasciando che i dati guidino la sua politica, ma ha comunque provveduto a dare qualche indicazione sui suoi movimenti futuri. "È una situazione troppo difficile per dare una Forward guidance 60-90 giorni in anticipo, ci sono troppe cose che possono accadere nell'economia e nel mondo", ha rilevato Powell.

SCELTE D'INVESTIMENTO, SPREAD E BTP IN QUEST'EPOCA DI RIPRESA E CAMBIAMENTO

12 maggio

E cco alcune evidenze di queste ultime settimane e di questi ultimi giorni: il Nasdaq a Wall Street ha chiuso cinque settimane di fila in calo, non succedeva dal 2012. I tassi dei Bund vanno al top da 8 anni e lo Spread supera i 200 punti.

E poi: il rendimento dei Btp decennali nei giorni scorsi è salito al 3,1%, ai massimi dal novembre 2018. Tassi, inflazione, recessione mettono in allarme i mercati e gli investitori. Tutto ciò significa anche che "l'era del denaro facile sta finendo", rileva IlSole24Ore: "la Banca centrale americana diminuisce il bilancio con conseguenze per banche, imprese, famiglie e per il debito degli Stati".

L'ultima è stata una settimana di pesanti vendite sulle Borse, tanto sul mercato azionario quanto sull'obbligazionario. E torna d'attualità un vocabolo che per un po' di tempo era scomparso dai radar: proprio quello 'Spread' che è il differenziale di rendimento tra Btp italiani e Bund tedeschi a 10 anni, tornato appunto oltre la soglia dei 200 punti base, come non accadeva da maggio del 2020. Ieri in particolare, lo Spread ha chiuso sui mercati finanziari a 200 punti base, rispetto ai 205 punti della chiusura di lunedì. In calo anche il rendimento del decennale italiano che scende sotto il 3% (2,99%), rispetto al 3,22% della chiusura del giorno prima. In decisa flessione anche i tassi dei Paesi 'periferici' con il decennale spagnolo al 2,09% e quello greco al 3,47%.

Ecco uno sguardo più complessivo: già alla fine del 2021 sono iniziati ad apparire segnali di rialzi sul fronte dei prezzi, dovuti a strozzature dell'offerta di beni e servizi di fronte a una forte ripresa della domanda dovuta all'uscita dalla pandemia. Le autorità monetarie le hanno giudicate come tensioni transitorie, non solo negli Stati Uniti ma anche in Europa. Lo scoppio della guerra in Ucraina, il 24 febbraio, ha aggravato la situazione soprattutto per i prezzi dell'energia e dei prodotti alimentari e i mercati hanno cominciato ad avere la sensazione che le tensioni, da transitorie, stessero trasformandosi in permanenti.

E così, nel giro di qualche settimana, salgono i tassi d'interesse applicati dalla Federal Reserve, l'inflazione continua a essere forte e preoccupante, sia in Europa sia negli Usa, e un altro effetto di questa situazione critica sta nel fatto che da più parti si vede all'orizzonte un panorama fatto di recessione.

Solo il 16 marzo la Fed si è mossa innalzando il corridoio dei tassi a 0,25-0,50 per cento con un aumento di 25 punti base. L'incremento, seppure modesto, ha creato l'aspettativa che ci sarebbero stati ulteriori aumenti dei tassi a breve nel corso del 2022. Ne è derivata una spinta verso l'alto dei livelli dei tassi di interesse a lunga (titoli di Stato a lunga scadenza, prestiti ipotecari, e così via).

Un quadro complessivo articolato e complesso – da affrontare per gli investimenti insieme a un professionista qualificato –, che come sempre presenta anche prospettive interessanti, e buone opportunità. E tornando al discorso iniziale, per quanto riguarda lo Spread, penso che "in chiave tattica si possa iniziare a comprare già qualcosa in Btp", la situazione appare fluida e delicata, ma i titoli di Stato italiani si mostrano più forti rispetto alle settimane e ai mesi precedenti.

CONFUSIONE SUL CATASTO E POSTI DI LAVORO CHE NON TROVANO LE COMPETENZE ADEGUATE

17 maggio

La riforma del Catasto "è stata usata dai partiti, e in particolare dalla Destra, come l'occasione per cercare consenso politico ed elettorale raccontando e propinando un mucchio di sciocchezze e inesattezze", rimarca Oscar Giannino in una delle ultime puntate del suo Podcast 'Don Chisciotte' (www.donchisciottepodcast.it).

Vista la complessità della materia, fa notare il giornalista, 'qualcuno' – in realtà in molti, tra Lega e altri partiti della Destra – ha confuso e mischiato le carte, facendo passare e diffondendo messaggi di convenienza.

E Giannino fa un esempio: "quasi nessuno sa calcolare la rendita, cioè il reddito che si ottiene da un investimento, catastale di un immobile. Si calcola con alcune operazioni complesse, proprio per questo il calcolo viene in genere demandato ai tecnici fiscali". Per calcolare una rendita catastale, si parte dalla consistenza catastale storica – cioè il valore catastale dell'immobile –, la si moltiplica per coefficienti di rivalutazione che variano da immobile a immobile, a seconda delle classi di appartenenza. Poi, questo primo risultato ottenuto lo si moltiplica per un secondo coefficiente catastale.

Proprio in questa complessità, e poca dimestichezza da parte dei comuni cittadini, qualcuno ha cercato di 'pescare nel torbido'. Per esempio, fa notare Giannino, qualcuno in Parlamento ha tirato su un gran polverone sostenendo di opporsi con tutte le forze a usare la 'rendita di mercato' per il calcolo catastale. Ma nella Delega fiscale del governo non solo "non c'è più l'espressione 'rendita di mercato', bensì "il prezzo di mercato dell'immobile non c'era e non c'è", insomma, si poteva "evitare di confondere i cittadini, per di più propinando cose false e inesatte". Cioè, sbagliate.

La stessa puntata di 'Don Chisciotte Podcast' ha anche trattato il tema del lavoro e dell'occupazione. Ecco con quali evidenze, secondo diverse analisi del Sistema informativo Excelsior di Unioncamere.

Ecosostenibilità e digitalizzazione sono tra i principali fattori di trasformazione per il mercato del lavoro. Un ulteriore impulso arriverà con l'attuazione delle misure previste nel Pnrr, il Piano nazionale di ripresa e resilienza. Ma allo stesso tempo in Italia spiccano oltre mezzo milione di posti di lavoro per cui mancano le competenze adeguate, e il Gap peggiora con i ruoli della Green economy.

Si conferma alto il mismatch tra domanda e offerta di lavoro: sono difficili da reperire il 38% dei lavoratori ricercati dalle aziende, difficoltà riconducibile prevalentemente alla mancanza di candidati. Le imprese italiane a maggio hanno in programma oltre 444mila assunzioni, nonostante l'indebolimento della crescita economica osservato nel primo trimestre e le prospettive sempre più incerte per il secondo trimestre a causa della guerra in Ucraina e alla conseguente crisi energetica e delle materie prime.

In più, entro il 2025, 6 lavoratori su 10 dovranno avere competenze Green o digitali. Nei prossimi anni, infatti, il mercato del lavoro avrà bisogno di almeno 2,2 milioni di nuovi lavoratori in grado di gestire soluzioni e sviluppare strategie ecosostenibili, e di 2 milioni di lavoratori in grado di saper utilizzare il digitale (il 57%).

Le previsioni a medio termine mostrano che la domanda di competenze Green riguarderà in maniera trasversale tanto le professioni ad alta specializzazione e tecniche, che gli impiegati come gli addetti ai servizi commerciali e turistici, gli addetti ai servizi alle persone come gli operai e gli artigiani. La spinta verso la transizione verde farà emergere, inoltre, la necessità di specifiche professioni Green in alcuni settori come il progettista in edilizia sostenibile, lo specialista in domotica, i tecnici e gli operai specializzati nell'efficientamento energetico nelle costruzioni; il certificatore di prodotti biologici nell'agroalimentare; il progettista meccanico per la mobilità elettrica.

I VANTAGGI CHE CI DÀ LA CRYPTO ECONOMY

25 maggio

Tra i tanti libri che leggo o consulto abitualmente, voglio segnalare questo 'Crypto economy', che ha per sottotitolo 'Bitcoin, blockchain, DeFi, Nft. Come funziona la nuova economia digitale', perché tratta tutti questi temi interessanti.

Scritto da Roberto Gorini, e pubblicato da Roi Edizioni, l'autore a proposito di criptovalute e Bitcoin e Blockchain osserva: "siamo partiti dal Bitcoin, per poi capire che la tecnologia sottostante, la Blockchain, ha potenzialità molto più ampie, ma poi si torna alle criptovalute, che rimangono l'utilizzo più dirompente che possiamo fare di quella tecnologia".

D'altra parte, il denaro "è l'elemento fondamentale di qualunque tessuto economico, il fluidificante attraverso il quale tutto transita. Non penso che in futuro sopravvivrà solo il bitcoin, penso piuttosto a una serie di criptovalute, una sorta di monete-servizio, alcune concorrenti e altre complementari".

I vantaggi che ci dà la Crypto economy è maggiore accessibilità, maggiore sicurezza, maggiore velocità e a costi enormemente minori; oltre al fatto di poter possedere veramente il proprio denaro, evitando così che il sistema possa portarcelo via o che dei dittatori lo possano distruggere. In sintesi: il denaro che noi usiamo oggi, come il dollaro o l'euro, è molto utile ma viene anche utilizzato per delinquere; il Bitcoin è molto più utile e viene usato molto meno per attività illecite.

L'autore prosegue nella sua analisi a tutto tondo. E rimarca: "la politica fa la guerra, il commercio fa la pace. A nessun commerciante verrebbe mai in mente di bombardare il proprio cliente. Le guerre, anche quelle finanziarie, nascono sempre per la volontà del potere politico. Si tratta in questo caso di appropriarsi di qualcosa altrui", non di guadagnare ricchezza offrendo agli altri beni e servizi.

I politici "cercano di arricchirsi con la forza, i mercanti cercano di arricchirsi con la vendita. Ma una vendita, senza un regime di monopolio, è sempre un affare che si fa in due. Il denaro è l'essenza del commercio. È il suo fattore fondamentale, la sua pietra angolare. Il denaro corrotto dà potere al politico, il denaro onesto dà potere al popolo. Sembrano frasi banali, o di vaneggiante propaganda, eppure è qui che si gioca il benessere del mondo". È questo il nocciolo della questione. È su questa ambiguità che si gioca la partita della libertà e della prosperità.

Per quanto sia una cosa buona, la nuova tecnologia delle criptovalute non è un dogma, non è una religione e gli entusiasti non dovrebbero diventare adepti. Fatalmente diventerà obsoleta, come tutte le cose, ma prima di diventarlo "farà un gran bene alla società", indica Gorini, "non va quindi difesa a priori e i giudizi non devono diventare pre-giudizi o giudizi a prescindere. Il mio suggerimento è di comprenderla a fondo e quindi di adottarla, se ce ne fosse la necessità, e penso proprio che così sarà".

ELON MUSK ALL'ITALIA: FATE TORNARE I CONTI DELLA QUESTIONE DEMOGRAFICA

31 maggio

Elon Musk, il patron di Tesla e Space X, in genere via Twitter fa commenti e previsioni su fatti e misfatti di attualità. Il problema è che spesso ci azzecca. E stavolta scrive: "L'Italia non avrà più una popolazione se queste tendenze continueranno".

Il multimiliardario americano si riferisce alla tendenza demografica, di un Paese che 'invecchia' sempre di più, e a tutto ciò che ne consegue: da un fardello pesante sul sistema previdenziale e del Welfare, ai titoli di debito pubblico che garantiscono una buona redditività, ma con incasso piuttosto in là nel tempo.

Del resto, i numeri sono espliciti: nel 2050 solo poco più di una persona su due sarebbe in età da lavoro, con un 52% di persone tra i 20 e i 66 anni che dovrebbero provvedere sia alla cura e alla formazione delle persone sotto i venti anni (16%), sia alla produzione di adeguate risorse per il mantenimento e l'assistenza ai pensionati (32%). Se non verrà invertita la rotta della natalità con misure strutturali nel 2050 l'Italia avrà 5 milioni di abitanti in meno.

In questo quadro, le nascite annue potrebbero scendere nel 2050 a 298mila unità. "Si era detto l'obiettivo di almeno 500mila nati", sottolinea il presidente dell'Istat, Gian Carlo Blangiardo. Che rileva: "nelle nostre previsioni questo obiettivo, se andiamo a guardare le tendenze, lo potremo raggiungere nell'arco di 40 o 50 anni. Il vero sforzo è arrivare a questo risultato in tempi decisamente più ravvicinati".

Così come l'Italia arranca nel ringiovanire gli italiani, il tasso di natalità "negli Stati Uniti è al di sotto dei livelli minimi sostenibili da circa 50 anni", insomma, la questione demografica deve essere posta al centro, sia dell'agenda politica, sia di quella dei convegni e delle iniziative che tornano a essere numerose, dopo l'emergenza della pandemia mondiale.

"Nonostante i dati, siamo capaci di rimboccarci le maniche e lavorare per risolvere i problemi", fa presente Blangiardo, e osserva: "399mila nati è la più bassa natalità di sempre, ovviamente è una situazione di tipo drammatico. Però l'elemento confortante è che abbiamo una variazione positiva. Accontentiamoci e possibilmente procediamo in questa direzione".

Nel 2050 "la popolazione avrà 5 milioni di abitanti in meno – spiega il presidente Istat –, di cui 2 milioni di giovani in meno. Qui ragioniamo in termini di tendenze di fondo. Se il tasso di fecondità dovesse rimanere 1,2 figli per donna, nell'arco di quattro-cinque decenni questo Paese avrebbe 250mila nati, quello che valeva per la Lombardia e il Piemonte insieme qualche anno fa".

GIUGNO

CRESCITA (CHE PUNTA AL PROFITTO E INQUINA) E SVILUPPO (CHE PUNTA AL BENESSERE E NON INQUINA) NON SONO LA STESSA COSA

2 giugno

In un articolo su IlSole24Ore, intitolato 'Finalmente abbiamo capito che crescita e sviluppo non sono la stessa cosa', l'economista e saggista americano Jeffrey Sachsrimarca che "il vero progresso è quello che punta a migliorare il benessere dell'Umanità, contribuendo a equità e giustizia".

Lo studioso rileva che un'intuizione fondamentale per il nostro futuro è che "oggi capiamo finalmente la differenza tra semplice 'crescita economica' ed effettivo'sviluppo economico'. La crescita economica si basa sull'aumento degli indicatori tradizionali di reddito nazionale, e continua a provocare quello che è accaduto finora: più inquinamento, più emissioni di gas serra, più distruzione delle foreste".

Il vero progresso economico "punta a migliorare il benessere dell'Umanità, sconfiggendo la povertà, sviluppando un'economia più equa e giusta, assicurando un livello educativo di qualità per tutti, prevenendo nuove pandemie, migliorando la qualità di vita attraverso tecnologie e modelli di business sostenibili. Il vero sviluppo economico punta a trasformare la nostra società creando benessere". In pratica, la crescita economica è guidata dal profitto, lo sviluppo è guidato dal benessere più complessivo, salubre e sostenibile.

Sachs sottolinea anche che "la Regenerative Society Foundation è una potente iniziativa governata da leader del mondo imprenditoriale italiano, seriamente impegnati in un'autentica trasformazione". Il concetto di rigenerazione trae origine e ispirazione dalla natura stessa, creando un'economia più circolare che elimini residui e inquinamento grazie al riciclo, al riutilizzo e alla rigenerazione delle risorse naturali.

È chiaro – sottolinea l'economista americano – che un sistema economico non può essere interamente circolare – "ha bisogno di energia da fuori (altrimenti violerebbe le leggi della termodinamica). Ma invece di attingere da fonti fossili, l'energia del futuro dovrebbe venire da fonti rinnovabili (che si tratti di solare, eolico, idroelettrico o bioenergia sostenibile) e da altre tecnologie sicure. Persino energia proveniente da una fusione artificiale sicura potrà probabilmente essere tecnologicamente ed economicamente accessibile nel giro di qualche decennio".

In un altro articolo sempre su IlSole24Ore, intitolato 'La sostenibilità ambientale, economica e sociale crea valore per le imprese', l'imprenditore triestino del caffèAndrea Illy sottolinea che "le prime esperienze di agricoltura rigenerativa sono molto incoraggianti", mentre "con un gruppo di imprenditori abbiamo fondato la Regenerative Society Foundation, il cui scopo è promuovere il modello rigenerativo, inteso come: produrre co-benefici ambientali e sociali con l'attività d'impresa, tramite la ricerca del benessere, l'economia circolare e la rigenerazione della biosfera".

L'industriale triestino spiega: "abbiamo decenni di esperienza nella sostenibilità e, più specificamente, abbiamo studiato e testato il nostro modello rigenerativo percinque anni prima di proporlo. Di tutti i possibili stakeholder abbiamo deciso di rivolgerci alle imprese di tutti i settori, perché qualsiasi cosa è prodotta da un'azienda e perché collegialmente sono le uniche ad avere la potenza economica e la conoscenza per affrontare la transizione ecologica".

E poi: "le norme sempre più stringenti emanate dalle istituzioni, i clienti e gli investitori sempre più selettivi sui criteri di sostenibilità, le fughe in avanti dei concorrenti, rappresentano delle minacce esistenziali per le imprese, che ormai sanno di dover diventare circolari ed ecologiche. La Regenerative Society Foundation rappresenta un punto di riferimento aggregatore di esperienze e competenze che mancava".

A proposito di "norme sempre più stringenti", sviluppo sostenibile ed economia rigenerativa, IlSole24Ore sottolinea che dal primo gennaio 2023 scatterà l'obbligo di 'etichettatura ambientale' per gli imballaggi e il Packaging. L'etichettaturaambientale consiste nell'applicare un'etichetta su tutti gli imballaggi immessi sul mercato italiano, per facilitarne la raccolta, il riutilizzo, il recupero e il riciclaggio. L'etichetta fornisce informazioni sia sulla composizione degli imballaggi, sia sul loro corretto smaltimento da parte del consumatore.

I TRE PASSI DI BIDEN PER COMBATTERE L'INFLAZIONE

7 giugno

Nei giorni scorsi il presidente degli Stati Uniti, il Democratico Joe Biden, ha pubblicato un suo intervento sul Wall Street Journal per spiegare il suo piano per contenere la crescita dell'inflazione, che si fa sentire negli Usa come in Europa e in Italia. Un piano d'azione e di intenti che si articola in tre punti, tre passaggi.

Biden rimarca: "combattere l'inflazione è la nostra principale sfida economica in questo momento". E promette di non cercare di influenzare la Federal Reserve nelle sue scelte di politica monetaria e sui tassi di interesse, ma non rinuncia a "contrastare l'aumento dei prezzi guidando, al tempo stesso, l'economia verso una crescita stabile e costante". "In primo luogo", sottolinea, "la Federal Reserve ha la responsabilità primaria di controllare l'inflazione. Il mio predecessore ha sminuito la Fed e i passati presidenti hanno cercato di influenzare le sue decisioni in modo inopportuno durante i periodi di alta inflazione. Io non lo farò". "In secondo luogo", spiega Biden, "dobbiamo aumentare nel tempo la capacità produttiva della nostra economia. Il prezzo della benzina è alto in gran parte perché petrolio, gas e capacità di raffinazione russi sono fuori mercato", ma "dobbiamo mitigare questi effetti per i consumatori americani. Questo è il motivo per cui ho guidato il più grande sblocco di riserve petrolifere globali nella storia".

La terza parte del piano del presidente americano riguarda il deficit federale. Esso va ridotto "per allentare le pressioni sui prezzi". "La scorsa settimana il Congressional Budget Office, organo di controllo apartitico, ha previsto che il deficit scenderà di 1,7 trilioni di dollari quest'anno, la più grande riduzione della storia". Servono poi "riforme di buon senso al sistema fiscale" e si deve intervenire nel campo della tassazione internazionale "in modo che le aziende non abbiano più un incentivo a trasferire posti di lavoro e profitti all'estero". Secondo Biden si deve "porre fine all'oltraggiosa iniquità del sistema fiscale che consente a un miliardario di pagare aliquote inferiori rispetto a un insegnante o a un vigile del fuoco". Oh yes, è pur sempre un presidente Democratico.

GIORNATA MONDIALE DEGLI OCEANI, TROPPA PLASTICA E ALLIANZ CLEAN PLANET

9 giugno

Perché è importante la Giornata mondiale degli oceani, che si è celebrata ieri? Perché "dal mare, che l'uomo sta facendo collassare, dipende la vita della Terra. Pesca intelligente, pulizia, ricostruzione degli habitat, surriscaldamento: la transizione ecologica dovrà toccare tutti questi temi, ma ci vorranno anni prima di poter vedere dei risultati", sottolinea un articolo su Focus.

La Giornata mondiale degli oceani dell'8 giugno ha tagliato il traguardo del 30esimo anniversario, essendo stata indetta dalle Nazioni Unite nel 1992, al Global Forum di Rio de Janeiro, un evento parallelo alla Conferenza dell'Onu sull'ambiente e lo sviluppo per dare l'opportunità alle organizzazioni non governative e alla società civile di esprimere il proprio punto di vista sulle questioni ambientali.

Slogan di quest'anno è 'Rivitalizzazione: un'azione collettiva per l'oceano', che "chiama ciascuno nel proprio piccolo a riparare i danni che l'Umanità continua a infliggere alla vita marina e ai mezzi di sussistenza che l'oceano fornisce", rimarca l'agenzia Ansa: su questo è incentrata anche la seconda Conferenza delle Nazioni Unite sull'oceano, in programma a Lisbona dal 27 giugno al primo luglio e organizzata dai governi del Kenya e del Portogallo. La tutela dell'oceano è prevista anche dall'obiettivo 14 dell'Agenda 2030 delle Nazioni Unite per lo sviluppo sostenibile: conservare e utilizzare gli oceani, i mari e le risorse marine nel mondo. Per sostenere i Paesi in questo obiettivo, l'Onu ha anche proclamato il Decennio delle scienze oceaniche per lo sviluppo sostenibile (2021-2030). Dalle stime emerge che attualmente i rifiuti marini sono composti per l'85% da plastica e che entro il 2050 negli oceani il peso globale della plastica supererà quello del pesce. Dallo scoppio della pandemia di Covid 19, sono state riversate in mare, e non adeguatamente gestite, circa 8,4 milioni di tonnellate di mascherine, guanti e altri rifiuti in plastica prodotti da 193 Paesi. Il 'peso' e le conseguenze della plastica usa e getta aumentano se si considera che a livello globale un quarto degli scarti in plastica finisce negli inceneritori e il 40% nelle discariche.

Le misure per ridurre l'uso e gli scarti della plastica aumentano ma non bastano: a luglio 2021 è entrata in vigore la Direttiva europea sulla plastica monouso, che vieta gli articoli in plastica come cannucce, forchette, coltelli e cotton fioc e promuovere alternative più sostenibili. A oltre 40 anni dall'introduzione del primo simbolo universale per i prodotti riciclabili, il tasso di riciclo della plastica, e soprattutto degli imballaggi, è solo del 14% rispetto a carta (58%) e ferro e acciaio (70–90%).

Allianz Clean Planet è una strategia azionaria globale che ha come focus l'allineamento degli investimenti agli obiettivi ambientali degli SDG (Sustainable Development Goals, gli Obiettivi di Sviluppo Sostenibile) dell'Onu. Secondo le stime, per realizzare gli SDG entro il termine previsto del 2030 occorrono ogni anno dai 5mila ai 7mila miliardi di dollari di investimenti globali in infrastrutture di base, sicurezza alimentare, sanità, istruzione e mitigazione del cambiamento climatico. È un costo alto, ma questa esigenza rappresenta una duplice opportunità, sia per il settore privato che diventa parte attiva per fronteggiare alcune grandi sfide dell'Umanità, sia per gli investitori che conseguono rendimenti finanziari interessanti nel lungo termine grazie a un'allocazione di capitali in soluzioni innovative.

Allianz Clean Planet consente di investire in società che forniscono prodotti e servizi orientati a ottenere effetti positivi per l'ambiente e per la comunità. La strategia investe prevalentemente nelle imprese che propongono soluzioni in grado di sostenere concretamente l'impegno alla creazione di un mondo più sostenibile che offra a tutti aria pulita, terreni puliti e acqua pulita.

BCE, TASSI PIÙ ALTI E STOP AGLI ACQUISTI. SPREAD AI MASSIMI DAL 2020 E BORSE GIÙ

13 giugno

Le nuove e le prossime mosse della Banca centrale europea, guidata da Christine Lagarde: fine degli acquisti di asset per stimolare l'economia dal prossimo primo luglio e, tre settimane dopo, il 21 luglio, rialzo di 25 punti base dei tassi di interesse per la prima volta dal 2011, seguito da un ulteriore rialzo nella riunione dell'8 settembre, che potrebbe essere addirittura maggiore, di mezzo punto percentuale, se l'inflazione non si raffredderà.

Dopo si procederà con un acquisto "graduale, ma sostenuto". La Banca centrale europea inverte la rotta, dopo il massiccio piano di stimoli, lanciato per contrastare gli effetti della pandemia, e avvia la 'normalizzazione monetaria' per frenare la corsa dei prezzi.

"Con l'inflazione volata fino all'8,1% in media a maggio nella zona euro", sottolinea il Corriere della Sera, "la situazione pare sfuggita di mano, a causa del forte rincaro dell'energia per la guerra della Russia all'Ucraina, ma anche per il perdurare degli choc dal lato dell'offerta, provocati dal perdurare delle strozzature nelle catene di approvvigionamento per via dei nuovi Lockdown decisi dalla politica 'zero Covid' in Cina".

Solo pochi mesi fa la presidente della Bce, Christine Lagarde, riteneva un rialzo dei tassi quest'anno molto improbabile. Invece ce ne saranno almeno due. Che la Banca centrale sia stata spiazzata è evidente nelle nuove stime economiche, che correggono drasticamente i valori indicati a marzo.

Ora Francoforte valuta che l'inflazione salirà fino al 6,8% quest'anno nella zona euro in media rispetto al 3,3% previsto pochi mesi fa, per poi scendere al 3,5% nel 2023 e al 2,1% nel 2024. Escludendo energia e alimentari, l'inflazione sarà pari al 3,3%. Quanto alla crescita, l'aumento del Pil nell'eurozona si fermerà al 2,8% in media quest'anno, e poi frenerà al 2,1% nei due anni successivi. "Faremo in modo che l'inflazione torni al nostro obiettivo del 2% nel medio termine", ha dichiarato Lagarde: "non si tratta solo di un passo, ma è un viaggio".

E, all'indomani dell'annuncio del prossimo primo rialzo dei tassi di interesse da parte della Bce, venerdì 10 giugno alla Borsa di Milano l'indice Ftse Mib scende del -5,17%, e brucia così quasi 39 miliardi di euro di capitalizzazione in una sola giornata. In deciso calo per tutte le Borse europee: le forti vendite sul comparto bancario hanno appesantito soprattutto Milano, che è maglia nera. A Parigi il Cac40 è sceso del 2,69% e a Francoforte il Dax40 del 3,08%, quando a Wall Street il Dow Jones è in calo del 2,4%.

"Sempre sotto pressione i titoli di Stato italiani", rimarca anche Milano Finanza, con lo Spread tra Btp e Bund "che balza a 227 punti base, con il rendimento del decennale italiano al 3,74%. Il differenziale si attesta così su livelli registrati in precedenza a maggio del 2020".

LO SCUDO ANTI-SPREAD DELLA BCE, MENTRE LA FED ALZA I TASSI

16 giugno

Un nuovo 'scudo' anti-Spread e l'uso flessibile dei 1.700 miliardi di euro di Bond comprati con il programma pandemico, da reinvestire man mano che arriveranno a scadenza.

Dopo meno di una settimana di mercati nel caos per la stretta monetaria annunciata giovedì scorso, la Banca centrale europea fa un mezzo dietrofront, convoca una riunione d'emergenza e prende un impegno più deciso per spegnere l'incendio prima che sia troppo tardi. Le Borse rispondono con un rimbalzo energico e lo Spread italiano chiude a 216,5, in calo per la prima volta da una settimana. La prima linea di difesa della Bce contro i rischi di frammentazione finanziaria evidenziati dagli Spread in altalena sono i reinvestimenti del programma pandemico Pepp, mentre uno strumento anti-Spread serve per avere opzioni nel caso in cui il programma pandemico non basti. La Bce ha quindi incaricato gli uffici tecnici di "accelerare il completamento di un nuovo strumento anti-frammentazione" da sottoporre poi al Consiglio direttivo.

La riunione di emergenza della Bce non convince del tutto gli analisti, cauti sull'efficacia, tutta da dimostrare, delle misure annunciate contro lo Spread, e convinti del fatto che il mercato ritornerà a mettere sotto pressione i titoli di Stato dei Paesi periferici. Ciò, almeno per il momento, è bastato a placare i mercati finanziari europei, che hanno tutti recuperato terreno rispetto ai cali dei giorni scorsi.

Sempre ieri, la Federal Reserve americana ha dato il via libera al maggiore rialzo dei tassi di interesse dal 1994, per cercare di stemperare un'inflazione schizzata ai massimi da 40 anni. La banca centrale Usa ha alzato il costo del denaro dello 0,75%, portandolo in una forchetta tra l'1,50 e l'1,75%.

E prevede che alla fine dell'anno i tassi saranno intorno al 3,4%, lasciando così intravedere una serie di rialzi aggressivi a tutte le riunioni. "Non stiamo cercando di indurre alcuna recessione", ha assicurato il presidente della Fed, Jerome Powell, spiegando la maxi-stretta che in luglio, probabilmente, sarà seguita da una mossa altrettanto aggressiva. Per il prossimo mese, ha ammesso il presidente della banca centrale statunitense, sul tavolo ci sono le "ipotesi di un rialzo da mezzo punto o dello 0,75%. Ci stiamo muovendo rapidamente per portare i tassi a un livello più normale".

Con la dovuta "flessibilità, possiamo far scendere" l'inflazione che si mantiene ostinatamente a livelli troppo alti: è "ben sopra i nostri obiettivi", ha spiegato Powell, assicurando che la banca centrale ha "gli strumenti e la determinazione" per combattere il caro-prezzi e centrare il target di un'inflazione del 2%.

NUOVE AUTO DIESEL, BENZINA E GPL: STOP (FORSE) DAL 2035

20 giugno

Ha già suscitato e sta provocando grande clamore e discussione la nuova mossa del Parlamento Europeo: le auto nuove a diesel, benzina e gpl non potranno essere più vendute nell'Ue dal 2035. Mentre i produttori della 'Motor Valley' italiana, in Emilia Romagna, avranno tempo un anno in più, fino al 2036, per adeguarsi alle regole Ue.

Come spiega il Corriere della Sera: "partirà da queste basi il negoziato del Parlamento Europeo con il Consiglio Ue per arrivare alle nuove regole europee sugli standard delle emissioni di CO_2 di auto e furgoni", e che fanno parte del pacchetto 'Fit for 55' presentato dalla Commissione, "che ha l'obiettivo di portare al taglio delle emissioni nell'Ue del 55% entro il 2030 rispetto al 1990, per raggiungere la neutralità climatica al 2050".

L'emendamento del Partito popolare europeo (Ppe) che puntava ad abbassare il taglio delle emissioni delle auto dal 100% al 90% dal 2035 per lasciare una finestra aperta a tecnologie alternative all'elettrico non è passato. Gli eurodeputati hanno sostenuto la proposta della Commissione di raggiungere la mobilità su strada a emissioni zero entro il 2035. Un risultato che preoccupa Forza Italia, Lega e Fratelli d'Italia: temono l'impatto sull'industria automobilistica italiana. Mentre per Pd e M5S si tratta di una tappa storica nella transizione verde. Tirano invece un sospiro di sollievo i produttori di auto di lusso: la deroga per i piccoli produttori di auto (da mille a 10 mila vetture l'anno) e furgoni (da mille a 22 mila all'anno) si è allungata dal 2030 previsto dalla proposta della Commissione al 2036 contenuto nell'emendamento 'salva Motor Valley'.

"Come Italia crediamo che il 2035 sia una data ragionevole per lo stop di auto a diesel e benzina", ha sottolineato il ministro delle Infrastrutture e dei Trasporti, Enrico Giovannini. Che rileva: "Capisco che possa sembrare complicato, ma con i fondi del Pnrr stiamo spingendo la sostituzione dei mezzi inquinanti in Italia. Abbiamo introdotto un fondo di 2 miliardi sulla mobilità sostenibile, e un miliardo all'anno fino al 2030 per incentivare sia gli acquisti dei consumatori sia l'offerta dei produttori". Per Giovannini si tratta di una sfida complessa, "ma dobbiamo dotare il nostro Paese della capacità di vincerla".

Sulla scadenza del 2035 per lo stop ai motori endotermici appare invece un po' meno convinto il ministro della Transizione ecologica, Roberto Cingolani, che prova a dare un colpo alla botte (la transizione ecologica) e uno al cerchio (le auto con motore 'Old style', e i loro produttori), rimarcando: "al momento teniamo l'asticella alta sul 2035, ma se nel 2033 vediamo che le cose sono impossibili perché gli scenari sono cambiati – del resto, chi si immaginava una guerra? –, bisogna avere la capacità di tornare sui propri passi e ripensare".

Secondo Cingolani all'auto elettrica mancava ancora qualcosa: "mancano due pezzi per favorire la mobilità alla spina. Uno riguarda lo smaltimento delle batterie. Ammesso e non concesso che si faccia tutto quello che si è detto finora per la realizzazione di decine di giga factory, noi dobbiamo pensare oggi a quanto fare tra vent'anni per smaltire gli accumulatori".

In secondo luogo, "abbiamo bisogno di una rete di distribuzione elettrica intelligente. Quindi, non dobbiamo perdere tempo: oltre alle infrastrutture dobbiamo lavorare sulla trasformazione della rete elettrica in rete smart". Il 2035 sembra oggi lontano, ma per far sparire i nuovi motori endotermici – che inquinano il Pianeta da oltre un secolo – non lo è poi tanto.

PRESENZA E SPIRITO DI SERVIZIO, DUE FATTORI ESSENZIALI PER AVERE SUCCESSO NEL (NOSTRO) LAVORO

23 giugno

Presenza e spirito di servizio sono due fattori essenziali per avere successo nel lavoro, in ogni lavoro, e quindi – e a maggior ragione – anche nel nostro lavoro di Private Banker e professionisti finanziari.

Sono due concetti che ha messo in evidenza anche il giornalista Massimo Gramellini, partecipando a un recente evento aziendale di Allianz Bank, e che voglio riprendere e rimarcare. Essere 'presenti', davvero, per gli altri, quindi per fare con loro e anche per loro qualcosa di concreto e importante, è un agire che non solo non passa certo inosservato, ma anzi viene sempre apprezzato, e atteso. Cosa significa 'essere presenti, davvero'? Significa vicinanza, conoscenza e condivisione delle questioni, dei problemi, dei programmi, obiettivi e aspettative del nostro interlocutore.

Ciò calza a pennello anche per quanto riguarda i nostri clienti, e la clientela del risparmio e patrimonio gestito. Essere presenti davvero significa conoscere bene la situazione ed essere a disposizione per tutelarla, valorizzarla e migliorarla (ulteriormente). È il caso, ad esempio, di tutto ciò che può avere a che fare con i risparmi, patrimoni e investimenti dei nostri clienti e potenziali clienti.

Abbiamo visto che la pandemia globale ha un po' cambiato il senso e l'esperienza di 'essere presenti': non è più fondamentale la presenza fisica, può anche essere a distanza, online, eccetera, l'importante e imprescindibile è un comportamento di interesse, partecipazione e collaborazione alle urgenze e necessità altrui. Ecco un altro aspetto molto rilevante: i nostri interlocutori, i nostri clienti, non ci devono percepire come qualcuno che gli vuole 'piazzare' qualcosa, vendere qualcosa, proporre qualcosa visto dal punto di vista di chi propone e vende.

Dobbiamo 'metterci nei panni' del nostro interlocutore, mettere al centro dell'attenzione non le nostre priorità commerciali e di scuderia, ma i suoi problemi, progetti, intenzioni, aspettative. Questo è spirito di servizio, ecco qui l'altro concetto fondamentale: avere spirito di servizio. Se guardiamo davvero all'interesse di chi abbiamo di fronte, significa che lavoriamo e agiamo con questo spirito, ed è molto importante, perché viene percepito, apprezzato, 'premiato'.

Quindi nei nostri approcci con clienti e potenziali clienti, dobbiamo cambiare punto di vista e prospettiva: non ci mettiamo a proporre una soluzione del nostro ventaglio, ma ascoltiamo, assimiliamo e comportiamoci di conseguenza.

L'AMERICA PIÙ CHE MAI SPACCATA SULL'ABOLIZIONE DEL DIRITTO ALL'ABORTO

29 giugno

L'America appare più che mai spaccata sull'abolizione del diritto all'aborto, dopo la decisione della Corte Suprema che nei giorni scorsi ha abolito la storica sentenza con cui nel 1973 – cinquanta anni fa – la stessa Corte aveva legalizzato l'aborto negli Stati Uniti.

Ora, quindi, i singoli Stati americani saranno liberi di applicare le loro leggi in materia. Su 50 Stati, ben 26 (tra cui Texas e Oklahoma) hanno leggi più restrittive in materia. Nove hanno dei limiti sull'aborto che precedono la sentenza del 1973, e che non sono ancora stati applicati ma che ora potrebbero diventare effettivi, mentre altri 13 Stati della federazione hanno dei cosiddetti 'divieti dormienti' che ora dovrebbero entrare in vigore. La nuova sentenza della Corte Suprema Usa divide l'America: da una parte chi, tra cui molti repubblicani, celebra l'abolizione del diritto all'aborto; dall'altra parte c'è chi, tra cui i democratici, parla di sciagura per i diritti delle donne negli States.

"La Corte Suprema porta via un diritto costituzionale", ha denunciato il presidente democratico, Joe Biden, "è stato un giorno triste per il Paese". L'ex inquilino della Casa Bianca, Barack Obama, attacca la Corte Suprema, accusandola di aver "attaccato le libertà fondamentali di milioni di americani" con la sua decisione. "Ho il cuore spezzato per gli americani che hanno perso il diritto fondamentale di assumere decisioni informate" in merito al loro corpo, ha affermato l'ex First lady, Michelle Obama, parlando di una "decisione orribile", con "conseguenze devastanti".

Una decisione "crudele e scandalosa", l'ha bollata la speaker della Camera Usa, la democratica Nancy Pelosi, facendo notare che alle prossime elezioni presidenziali di novembre ci possono essere in gioco i diritti delle donne.

Ma il consenso è invece a percentuali 'bulgare' tra i repubblicani. L'ex presidente Donald Trump, ora sotto inchiesta per l'occupazione del Campidoglio da parte dei suoi sostenitori nel gennaio 2021, ha lodato la sentenza della Corte Suprema.

E con lui si dicono soddisfatti molti altri repubblicani: "la vita ha vinto", ha osservato l'ex presidente americano Mike Pence. Una decisione "coraggiosa e corretta" sostiene il leader dei repubblicani in Senato, Mitch McConnell: "è una storica vittoria per la costituzione e la società". Mentre "plaudo a questa storica sentenza che salva vite umane", ha twittato il leader dei repubblicani alla Camera, Kevin McCarthy.

Ora cosa accadrà? Tanto per cominciare, l'America appare oggi spaccata a metà tra 'abortisti' e antiabortisti. Il divieto di aborto è atteso entrare in vigore in 13 Stati nei prossimi 30 giorni. Si tratta di Stati repubblicani che hanno approvato leggi stringenti, legandole alla decisione della Corte Suprema: questi Stati possono vietare l'aborto in 30 giorni eccetto nei casi in cui la vita della madre è in pericolo.

Il Missouri ha già annunciato di essere tra i primi Stati a vietare l'aborto, che ora è illegale anche in Texas con effetto immediato. Il procuratore generale del Texas, Ken Paxton, sottolinea che ora le strutture sanitarie che offrono le interruzioni di gravidanza possono essere considerate "responsabili penalmente".

Tre Stati liberal della costa pacifica – California, Oregon e Washington – hanno annunciato un impegno comune per difendere i diritti d'aborto. "L'accesso all'aborto è un fondamentale diritto umano e resta sicuro, accessibile e legale a New York", rimarca il governatore dello Stato, Kathy Hochul. Le fa eco il sindaco della Grande Mela, Eric Adams: "qui siete le benvenute". Insomma, un'altra questione rilevante per i cittadini che diventa un elemento molto divisivo all'interno dei 50 Stati americani, e rischia di infiammare il confronto politico, anche in vista delle prossime elezioni presidenziali.

LUGLIO

ZUCKERBERG: IL METAVERSO CI CAMBIERÀ PER SEMPRE

2 luglio

È e sarà una vera rivoluzione quella del Metaverso, in termini di business e nella vita di tutti noi. Entro la fine del decennio l'obiettivo è di connettere alla nuova realtà digitale oltre un miliardo di persone – che acquisteranno beni e contenuti digitali –, corrispondenti ad almeno 3-4mila miliardi di dollari di valore derivanti da quest'economia.

Così prevede e anticipa Mark Zuckerberg, fondatore di Facebook e amministratore delegato di Meta, in un'intervista rilasciata alla rete Tv americana Cnbc, e pubblicata in Italia da Milano Finanza.

Zuckerberg spiega la sua fiducia nel nuovo business: "nei 18 anni alla guida della mia società ho visto che le persone cercano sistemi di comunicazione sempre più espressivi, veloci e ricchi, dagli sms nel 2004 alle foto, e ora video, filmati. E non siamo ancora al punto di arrivo perché con intelligenza artificiale e Metaverso è possibile realizzare qualcosa di ancora più coinvolgente, visto che non si tratta solo di realtà virtuale e aumentata, ma queste tecnologie permettono di percepire una vera presenza".

Per fare tutto questo serviranno investimenti enormi e a lungo termine in hardware e software, ma Zuckerberg assicura di avere l'intenzione e le risorse per farlo. Nel frattempo, prosegue con le attività tradizionali, potenziandole: Facebook, Instagram, Whatsapp verranno sviluppati in maniera integrata. Magari anche attraverso un sistema operativo proprietario, così da eliminare anche la dipendenza da Apple. Insomma, un futuro ricco di redditività crescente, in grado di fronteggiare crisi e recessioni, e che potrebbe indurre Zuckerberg e soci ad accelerare nel buyback delle proprie azioni.

Entro la fine dell'anno Meta, già Facebook, svelerà ufficialmente Project Cambria, il suo primo visore per il Metaverso. "Il Metaverso cambierà per sempre il modo di relazionarci gli uni con gli altri", prevede Zuckerberg nel presentare tre prototipi di visori. Il primo, nome in codice Butterscotch, è dotato di una risoluzione sufficiente a garantire in realtà virtuale una visione pari ai dieci decimi delle tabelle normalmente usate per le visite oculistiche.

Poi Holocake 2, che il Ceo descrive come "il visore più sottile e leggero che abbiamo mai realizzato e compatibile con tutti i videogame per computer esistenti". Il problema di Holocake 2 è che richiede l'uso di laser specializzati, ancora troppo spessi e costosi per essere integrati in un accessorio per il mercato di massa. Il terzo dispositivo presentato è un parente stretto dei tanto attesi occhialini di Meta, almeno nelle forme. Si chiama Mirror Lake, riprende un paio di occhiali da sci e integra non solo la tecnologia di Holocake 2 ma anche le altre su cui Meta ha lavorato negli ultimi sette anni.

L'obiettivo? Rispondere a quello che l'azienda chiama "il test visivo di Turing". Nel 1950, il matematico e fisico inglese Alan Turing ha ideato il test il cui scopo è stabilire se un computer è in grado di assumere comportamenti umani. Il test visivo è un modo per valutare se ciò che viene visualizzato in realtà virtuale è distinguibile dal mondo reale. Un altro passo in avanti per rendere il mondo fisico e quello digitale sempre più integrati e sovrapposti.

VERA, L'INTELLIGENZA ARTIFICIALE ANTI-EVASORI DEL FISCO

7 luglio

Contro l'evasione fiscale l'Agenzia delle entrate mette in moto l'intelligenza artificiale, con algoritmi elaborati ad hoc. Il Fisco italiano ha ora a disposizione 'Vera', acronimo un po' adattato che sta per 'Verifica dei rapporti finanziari'. Il nuovo software antievasori avrà il compito di esaminare tutte le informazioni finanziarie che confluiranno nel sistema, allo scopo di scovare anomalie e irregolarità.

Con la sua capacità di elaborazione dei dati, consentirà di ottenere delle liste molto selettive finalizzate all'attività di controllo: insomma, l'intelligenza artificiale è a diposizione dell'Agenzia delle entrate. Con l'utilizzo del programma, gli investigatori del Fisco potranno effettuare analisi di rischio sui contribuenti e individuare possibili evasori. Si calcola che sono più di 19 milioni in Italia gli evasori di tasse, contributi e multe, per un totale di 1.100 miliardi di euro che equivale al 40% del debito pubblico del Paese.

"Verrà analizzato il rischio di evasione in base ai dati dell'Archivio dei rapporti finanziari, dati la cui trasmissione è stata molto discussa con il Garante della Privacy, considerato che si parla di informazioni in alcuni casi sensibili", sottolinea Il Giornale, "incrociando i dati dell'archivio dei rapporti finanziari con le altre informazioni che saranno a disposizione del Fisco, il governo punta a contrastare il fenomeno dell'evasione e a scovare possibili casi di rischio. In tutto questo, un ruolo fondamentale sarà ricoperto proprio dal software applicativo Vera".

In particolare, le attività di Vera si concentreranno nei confronti dei comportamenti fraudolenti più lesivi. I controlli riguarderanno in particolare: frodi, abuso del diritto, false compensazioni, e fruizione indebita dei sostegni erogati durante la pandemia di Covid-19. Sotto le lente d'ingrandimento però anche i soggetti italiani che nutrono debiti con i Fisco limitatamente a multe, bolli non pagati, evasione dalle tasse, e altri comportamenti lesivi a livello erariale.

Ora si punta a passare dalla fase sperimentale a una a pieno regime, che verrà potenziata in futuro. Le liste selettive in cui figurano i contribuenti a rischio evasione saranno organizzate a livello centrale dal nuovo programma, e saranno successivamente spedite alle Direzioni regionali e provinciali, che indirizzeranno l'attività di controllo dove ritenuto opportuno.

Per quanto riguarda le società di persone e le società di capitali, "le attività di analisi del rischio prevederanno anche esclusioni e interventi correttivi, risultando così maggiormente affinate", indicano alcuni articoli pubblicati sull'argomento.

LA CADUTA DEL CONTROVERSO (E SPETTINATO) BORIS JOHNSON, PARTE LA CORSA PER LA SUCCESSIONE

12 luglio

Alla fine di un lungo tira-e-molla – è proprio vero che a volte il protagonismo personale supera ogni limite –, il primo ministro inglese Boris Johnson ha dovuto rassegnare le dimissioni da leader del Partito Conservatore, forza di maggioranza in Parlamento, in seguito a una raffica di dimissioni nel suo governo.

Johnson avrebbe però intenzione di restare a capo del governo finché non sarà individuato un successore, in autunno, anche se diversi esponenti conservatori sono molto contrari a questa ipotesi. Il Partito Laburista ha minacciato di tentare di cacciare il primo ministro immediatamente con una mozione di sfiducia, che passerebbe solo con il sostegno di molti parlamentari conservatori. Insomma, tutto ciò per BoJo – come lo chiamano i suoi fan ma anche i detrattori – si rivelerebbe non solo la fine di una parabola politica, ma un vero e proprio calcio nel sedere per mandarlo via.

L'ormai ex leader dei Tories ha ribadito che il governo uscente si limiterà all'ordinaria amministrazione e a portare avanti solo i progetti di leggi già avviati: inclusa la contestatissima iniziativa per cercare di trasferire in Ruanda parte dei richiedenti asilo sbarcati di recente e illegalmente nel Regno Unito attraverso la Manica, nell'ambito d'una promessa stretta post Brexit sull'immigrazione.

La bufera attorno all'inquilino del numero 10 di Downing Street non si è ancora placata, che è già iniziata la corsa alla sua successione come leader dei Conservatori. Finora uno dei fattori che aveva contribuito a salvare Johnson, malgrado la crescente sfiducia nei suoi confronti, era stata la mancanza di una chiara alternativa per la guida dei Tory.

Ecco ora i possibili nomi. Rishi Sunak, brillante politico quarantaduenne di origine indiana, ex cancelliere dello Scacchiere, ovvero ministro delle Finanze, è stato a lungo indicato come il più probabile successore. Liz Truss: la ministra degli Esteri, 46 anni, è da tempo vista come una pretendente alla leadership. Jeremy Hunt, ex ministro degli Esteri e della Salute, cinquantacinquenne, è ora un influente deputato conservatore.

E poi, Michael Gove: segretario di Stato per le comunità e le amministrazioni locali, il cinquantaquattrenne Gove è stato uno dei più influenti membri del governo Johnson. Tom Tugendhat in queste giornate è l'ultimo parlamentare che si è gettato nella mischia, insieme al procuratore generale Suella Braveman e al Brexiteer Steve Baker, anch'essi interessati a prendere il posto di BoJo. Insomma, chi più ne ha più ne metta.

Johnson "era diventato primo ministro il 24 luglio 2019 dopo le dimissioni di Theresa May, promettendo di portare a buon fine la Brexit", ricorda il Corriere della Sera, "ed è con questa promessa che ha ottenuto un successo travolgente alle elezioni anticipate nel dicembre dello stesso anno. Ma se l'uscita dall'Ue è avvenuta puntualmente il primo gennaio 2021, poi diverse cose non sono andate come previsto". Vulcanico ed eccentrico, sposato tre volte e con sette figli, con il suo ciuffo biondo sempre spettinato, Boris Johnson ha sempre diviso gli inglesi, suscitando odio ed entusiasmo, mai indifferenza. Tra i protagonisti dell'ondata populista in Occidente, tre anni dopo la conquista del potere politico, ora cade per la rivolta del suo partito e del suo governo.

GIAPPONE, ALLE ELEZIONI VINCONO I CONSERVATORI DELL'EX PREMIER ABE UCCISO DUE GIORNI PRIMA IN UN COMIZIO

14 luglio

In Giappone la coalizione di governo – vale a dire, i conservatori – ha vinto le elezioni per il rinnovo parziale della Camera Alta, sulla scia anche dell'onda emotiva provocata dall'assassinio dell'ex premier Shinzo Abe, 67 anni, avvenuto solo due giorni prima in un comizio elettorale a Nara, capoluogo del Giappone centrale.

"Il voto ha premiato l'Esecutivo del primo ministro Fumio Kishida", rileva il Corriere della Sera: "dei 125 seggi da assegnare, il partito Liberal Democratico (Jiminto) si è assicurato 63 seggi, che salgono a 76 seggi includendo quelli del partner più piccolo Komeito. Con questo risultato, la coalizione conservatrice al potere supera ampiamente la maggioranza assoluta, con 146 seggi sui 248 che compongono l'Assemblea parlamentare, contro i 102 dell'opposizione".

Il premier Kishida ha assicurato di voler "costruire sull'eredità politica di Abe", e ha promesso che Tokyo "rafforzerà drasticamente" la Difesa entro 5 anni, in risposta alle incertezze sulla sicurezza innescate dalla guerra in Ucraina e alla crescente ingerenza della Cina. Nella prossima agenda politica giapponese ci sono anche l'economia e le modifiche costituzionali, con le forze politiche favorevoli alle riforme che ora superano la maggioranza dei due terzi sia nella Camera Alta sia in quella Bassa.

Emergono intanto nuovi particolari sull'assassinio dell'ex premier Abe. Tetsuya Yamagami, 41 anni, ex militare, ha colpito a morte Abe con due colpi esplosi con una pistola artigianale fatta di legno e ferro a distanza ravvicinata. La polizia ha arrestato sul posto l'uomo, un disoccupato residente in città, che si sarebbe avvicinato all'ex premier da dietro e sparando a pochi metri di distanza.

"L'Agenzia nazionale di polizia ha affermato, considerando le circostanze della scena dell'attentato, di puntare a riesaminare le disposizioni di sicurezza seguite nella giornata dell'ex primo ministro, rilevando problemi con le disposizioni di sicurezza sul pattugliamento dell'area dietro a cui stava parlando Abe", sottolinea l'agenzia di stampa Ansa. Alcuni esperti hanno sottolineato "la gravità delle lacune sulla sorveglianza, con gli agenti incapaci di impedire all'uomo armato di sparare. Innanzitutto, l'obiezione principale è che la polizia avrebbe dovuto impedire all'aggressore di avvicinarsi ad Abe". Il capo della polizia di Nara, Tomoaki Onizuka, ha ammesso in conferenza stampa che "è innegabile che ci siano stati problemi nella sicurezza".

Le autorità di Nara "erano state informate della presenza di Abe per il comizio elettorale solo il giorno precedente, giudicando comunque possibile garantirne la sicurezza", spiega l'Ansa. Lo stesso attentatore ha riferito di avere appreso dell'arrivo dell'ex premier la sera precedente su internet, decidendo di partecipare all'evento e di mettere in atto il suo folle piano. La questione di fondo resta che in Giappone i raduni elettorali non prevedono, salvo rari casi, i cordoni di forze dell'ordine, che puntano più sull'autodisciplina di organizzatori e partecipanti e sulle guardie del corpo personali dei politici. In un Paese caratterizzato da un tasso di criminalità tra i più bassi al mondo, i cittadini possono avvicinarsi ai candidati praticamente senza limitazioni.

Una circostanza che questa volta è costata la vita all'ex primo ministro conservatore, che "è stato il premier più longevo politicamente nella storia del Giappone post-bellico", sottolinea La Repubblica, "con la doppia esperienza alla guida del governo, finita sempre per motivi di salute: nella prima, a cavallo tra il 2006 e il 2007, conquistò il titolo di premier più giovane ad approdare alla Kantei, l'Assemblea parlamentare nipponica, mentre nella seconda consolidò il record alla guida del governo, dal 2012 al 2020".

Quando Abe tornò al potere nel 2012, chiuse l'esperienza di governo del partito Democratico con la sua 'Abenomics': un pacchetto di politiche espansive e di riforme per tentare di sollevare il Paese dalla cronica deflazione e per rilanciarne la crescita economica con una politica monetaria accomodante e una spesa fiscale enorme, insieme a interventi strutturali per far fronte al rapido invecchiamento della popolazione. Giappone e Italia sono infatti i due Paesi al mondo con l'età media più alta tra la cittadinanza.

BAIL-IN E PICCOLE BANCHE: A RISCHIO IN EUROPA FINO A 283 ISTITUTI E I LORO CORRENTISTI

19 luglio

L'estensione del Bail-in in caso di crisi anche alle banche medie e piccole – come voluto dai ministri delle Finanze dell'Unione europea –, potrebbe riguardare fino a 283 banche europee minori e potenzialmente a rischio, e quindi implicherebbe maggiori rischi per i loro correntisti, con 123 miliardi di euro di depositi che verrebbero colpiti.

Il termine Bail-in si può tradurre in italiano con "salvataggio interno". È una misura che autorizza una banca in crisi a rivalersi sul capitale dei suoi investitori, ma anche sui risparmi di alcuni correntisti, per trovare la liquidità necessaria a risollevarsi. Si tratta di un provvedimento estremo, ma non inverosimile: alcuni istituti bancari italiani, come banca Etruria, Carichieti, Cariferrara e banca Marche vi hanno già fatto ricorso – seppure in maniera mitigata –, mentre Banca Carige e banca Popolare di Bari ci sono andate molto vicino. Oggi la nuova crisi post-Coronavirus rischia di sottoporre diverse banche a un nuovo stress finanziario: la minaccia, quindi, potrebbe ripresentarsi.

Secondo un'analisi condotta nel 2021 dall'Eba (l'European banking authority), l'applicazione delle attuali normative "sulle risoluzioni alle banche medio-piccole esporrebbe, potenzialmente, i correntisti di 283 banche su 368 analizzate, con 123 miliardi di euro di depositi a rischio", sottolinea Milano Finanza. Il problema è che, data la minore rilevanza degli obbligazionisti nelle passività delle banche piccole, questa estensione aumenta di molto il rischio che, in caso di crisi, i correntisti di questi istituti possano (oltre il limite dei 100mila euro) subire perdite.

Ad aver lanciato l'avvertimento è stato (anche) il governatore della Banca d'Italia, Ignazio Visco, nel corso dell'assemblea annuale dell'Abi, l'Associazione bancaria italiana. Sull'esposizione delle banche italiane medio-piccole la Banca d'Italia ha condotto stime preliminari che confermano i rischi intravisti lo scorso anno dall'Autorità bancaria europea.

Per il momento, bisogna farsi bastare i calcoli condotti dall'Eba su richiesta della Commissione Ue, contenuti in un rapporto intitolato 'Call for advice regarding funding in resolution and insolvency', basati sui bilanci di fine 2019. Nello scenario base, aveva indicato l'Eba, i correntisti di 96 istituti (sui 368 analizzati) avrebbero potuto subire un Bail-in, per un ammontare complessivo di 18 miliardi di euro: "per queste entità un supporto degli schemi di garanzia dei depositi è raramente possibile".

I numeri si fanno decisamente più consistenti "per lo scenario in cui le riserve di capitale di una banca sono esaurite", ossia uno scenario "più realistico" che ipotizza che si verifichi un depauperamento di capitale "nel periodo precedente la risoluzione della crisi". In questo secondo scenario a subire perdite sarebbero, potenzialmente, i correntisti di 283 banche su 368 analizzate, con 123 miliardi di euro di depositi colpiti. Al momento, quando gli istituti di piccole dimensioni finiscono in crisi sono destinati "alla liquidazione atomistica, inadatta ad assicurarne un'ordinata uscita dal mercato", ha ricordato Visco.

Sull'inclusione delle banche medio piccole nello schema delle risoluzioni che prevede, fra le altre cose, il Bail-in, restano da definire dettagli cruciali fra cui "il novero di banche che rientrerebbero nell'ambito della risoluzione", ha precisato il governatore di Bankitalia. Le "prime stime della Banca d'Italia confermano che, in caso di estensione del perimetro della risoluzione, per le banche italiane meno significative sarebbe problematico l'obbligo di rispettare il bail-in minimo richiesto dalle attuali norme europee senza imporre perdite per i depositanti".

In caso di risoluzione le banche medio piccole, "data la loro limitata capacità di collocare capitali, l'applicazione del Bail-in anche nella misura minima dell'8% del complesso delle passività necessarie per accedere al Fondo unico di risoluzione, finirebbe per colpire i depositanti, oltre ai creditori senior".

Uno degli auspici espressi da Bankitalia è che l'ampliamento del meccanismo delle risoluzioni per le banche medio-piccole si accompagni a una riduzione della quota di Bail-in necessaria per far scattare l'accesso al Fondo di risoluzione, fatto che metterebbe al riparo almeno una parte dei correntisti potenzialmente esposti. Ma la questione è delicata, e occorre trovare le soluzioni giuste per sbrogliare la matassa e togliere da un rischio potenziale tanti risparmiatori e investitori privati delle banche più piccole e fragili.

LA FINE DEL GOVERNO DRAGHI, LE ELEZIONI POLITICHE A SETTEMBRE

23 luglio

È stata una conclusione 'inevitabile'. Il voto del Senato e, soprattutto, le modalità di quel voto hanno reso chiaro che non c'era spazio per altre maggioranze di governo. Il presidente della Repubblica, Sergio Mattarella accompagna – visibilmente contrariato – Mario Draghi nel processo di dimissioni e scioglie le Camere, sancendo la fine anticipata della Legislatura.

Si voterà domenica 25 settembre, "di fatto l'unico giorno possibile in base alle regole che concedono un massimo di 70 giorni dal giorno dello scioglimento delle Camere", fa notare il Corriere della Sera, "ma anche un minimo di 60 per permettere le complesse operazioni di presentazione delle liste e una giusta campagna elettorale".

Un periodo lungo, al quale si aggiungeranno altre settimane per la formazione del nuovo governo e che permetterà quindi al premier Mario Draghi – che rimane in carica per gli affari correnti – di continuare a guidare il Paese per circa altri quattro mesi. Fino ad allora, fino all'insediamento del nuovo Esecutivo, bisognerà andare avanti "con la stessa determinazione" dice Draghi, e, anzi, chiudere tutto quello che sarà possibile nel perimetro degli affari correnti proprio per "favorire" il governo che verrà.

"Non volevamo far cadere Draghi, ma si è reso indisponibile a un Bis. Probabilmente era stanco e ha colto la palla al balzo per andarsene. In ogni caso ha scelto lui", così ha detto Silvio Berlusconi in un colloquio con il direttore di Repubblica Maurizio Molinari. Come dire: Forza Italia non ha votato la fiducia a Draghi, ma contavamo di recuperarlo con un suo governo-bis, però il giochetto non ha funzionato. Ma Forza Italia subisce l'onda d'urto della crisi, con Brunetta e Cangini che, dopo la Gelmini, scelgono di andarsene, e Mara Carfagna che riflette ma sembra anche lei sul punto di cambiare strada.

"Credo che sia stata una vergogna, l'Italia è stata tradita perché quei partiti che hanno deciso di non votare la fiducia al governo lo hanno fatto soltanto per interessi egoistici". Lo ha detto il segretario del Pd, Enrico Letta, in un'intervista alla Bbc, commentando la crisi politica che ha portato alle dimissioni di Mario Draghi. Aggiungendo poi: "io penso che con i tre partiti che hanno fatto cadere Draghi è impossibile fare alleanze elettorali in questa tornata".

Una delle prime conseguenze di tutto ciò? I tempi delle elezioni politiche si incroceranno con quelli della finanza pubblica, per la messa a punto della Manovra di bilancio per il 2023. Un calendario stringente che di fatto imporrà al futuro governo una corsa contro il tempo per evitare la 'dead line' del 31 dicembre, quando scatta l'esercizio provvisorio in base alle regole della Costituzione.

In pratica la mancata approvazione della manovra di Bilancio entro fine anno fa scattare una sorta di contingentamento sulle spese che vengono ripartite in quattro dodicesimi, in pratica con una tagliola trimestrale, limitando quindi gli esborsi. Ma l'iter che porta alla Manovra comincia molto prima. Lo snodo è l'approvazione delle nuove previsioni macroeconomiche – dal Pil al deficit al debito – che il governo inserisce nella Nadef, la Nota di aggiornamento del Def che va presentata entro il 27 settembre. Poiché i tempi sono tali che non ci sarà un nuovo governo, sarà il ministro dell'Economia dell'esecutivo Draghi, Daniele Franco, a mettere a punto le nuove previsioni che, ovviamente, non potranno avere un carattere programmatico, cioè non potranno tener conto delle misure che si intende prendere.

Dovranno limitarsi a indicare, come si dice tecnicamente, i 'tendenziali' a legislazione vigente. Cioè l'andamento dell'economia in assenza di interventi, ma solo in base a quanto già deciso nel passato. Poi entro il 15 ottobre un documento analogo con le stime va inviato all'Ue. Anche in questo caso sarà difficile che ci possa già essere un nuovo governo. Insomma, tra tante incognite che pesano su questo periodo, da qui all'autunno se ne aggiungono molte altre.

Nel luglio 2012 Draghi a capo della Banca centrale europea pronunciò il celebre "whatever it takes" per salvare l'euro dalla crisi dei debiti sovrani, 10 anni dopo a capo dell'Esecutivo non ha detto la stessa cosa per salvare il suo governo.

LE MOSSE DELLA BCE: TASSI SU DI MEZZO PUNTO E NUOVO SCUDO ANTI-SPREAD

26 luglio

La Banca centrale europea venerdì scorso ha alzato i tassi d'interesse di mezzo punto. Il tasso principale sale a 0,50%, il tasso sui depositi a zero e il tasso sui prestiti marginali a 0,75%. È il primo rialzo dal luglio del 2011.

Il rialzo dei tassi da 50 punti base, più alto di quanto annunciato in precedenza, tiene conto "delle nuove stime sui rischi d'inflazione" ed è consentito "dall'ulteriore supporto assicurato alla trasmissione della politica monetaria dal Tpi, il nuovo scudo anti-Spread", rileva la presidente della Bce, Christine Lagarde. L'economia dell'area euro "sta rallentando" e in questo pesa la guerra della Russia contro l'Ucraina. L'inflazione nell'Eurozona "è attesa restare fastidiosamente alta" oltre il 2022, anche a causa del deprezzamento del tasso di cambio dell'euro.

"Nelle prossime riunioni del Consiglio direttivo sarà opportuna un'ulteriore normalizzazione dei tassi di interesse", (cioè ulteriori ritocchi al rialzo) anticipa la Bce, spiegando che "anticipare a oggi l'uscita dai tassi di interesse negativi consente al Consiglio direttivo di passare a un approccio in cui le decisioni sui tassi vengono prese volta per volta. L'evoluzione futura dei tassi di riferimento continuerà a essere guidata dai dati e contribuirà al conseguimento dell'obiettivo di inflazione del 2% a medio termine".

E poi, via allo scudo anti-Spread: lo "strumento di protezione del meccanismo di trasmissione della politica monetaria" (Transmission Protection Instrument, abbreviato in Tpi) nei piani assicurerà che "l'orientamento di politica monetaria sia trasmesso in modo ordinato in tutti i Paesi dell'area dell'euro", spiegano alla Bce, osservando che "è un presupposto affinché la Bce possa adempiere il mandato di mantenere la stabilità dei prezzi". Lo scudo avrà una potenza di fuoco negli acquisti di Bond che "dipenderà dalla gravità dei rischi per la trasmissione della politica monetaria" e gli acquisti "non sono soggetti a restrizioni ex ante".

Questo cosiddetto scudo anti-Spread, servirà a soffocare sul nascere le crisi del debito sovrano stile 2011. Ma non toglierà ai Governi nazionali le castagne dal fuoco eliminando episodi di turbolenza, come è evidente dalla prima reazione dello Spread Btp-Bund che, all'annuncio dello scudo, anziché scendere è salito.

Il Transmission Protection Mechanism (Tpi) è un compromesso tra le anime della Bce: non è un paracadute pronto ad attivarsi a ogni fiammata dello Spread. Ma uno strumento, che affianca quelli preesistenti, l'Omt di Draghi e i reinvestimenti del 'Pepp' pandemico, da attivare con lo scopo preciso di far sì che la trasmissione degli impulsi di politica monetaria sia omogenea nell'area euro.

Il Tpi comprerà titoli di Stato (con la possibilità di estendersi ad altri Bond) con scadenza fra uno e dieci anni, sterilizzando gli acquisti per non alimentare inflazione. Ma non fissa una soglia massima esplicita per lo Spread. Nessun automatismo: al contrario, la presidente della Bce Christine Lagarde ha sottolineato che la Bce deciderà in maniera "discrezionale".

Le condizioni per beneficiarne non sono quelle rigide del Mes, ma il Tpi non è nemmeno un assegno in bianco: prevede il rispetto del 'fiscal framework' Ue, l'assenza di gravi squilibri macroeconomici, sostenibilità del debito, rispetto degli impegni presi con il Recovery Fund e con le raccomandazioni specifiche della Commissione Ue. E alcuni osservatori finanziari osservano: "lo scudo non riporta le lancette dell'orologio indietro a quando la Bce era il principale compratore di debito sui mercati".

AGOSTO

IN AMERICA LA FED ALZA I TASSI, MENTRE L'ITALIA RISPARMIA (E METTE DA PARTE) IL GAS

2 agosto

Per combattere l'inflazione, mai così alta da decenni, la Federal Reserve americana nei giorni scorsi ha alzato i tassi di interesse dello 0,75%, portando il costo del denaro in una forchetta compresa tra il 2,25% e il 2,50%.

Per la banca centrale americana si tratta del secondo aumento consecutivo dello 0,75%, in quella che è la mossa più aggressiva dagli anni Ottanta. Oltre all'aumento appena realizzato, la Fed in questi mesi ha già alzato i tassi di interesse di un quarto di punto in marzo, di mezzo punto in maggio e di tre quarti di punto in giugno.

"L'inflazione resta alta, riflettendo gli squilibri tra l'offerta e la domanda dovuti alla pandemia", fanno notare dalla banca centrale Usa, che "è fortemente impegnata a riportare l'inflazione all'obiettivo del 2%". La politica monetaria della Fed "rallenterà l'economia, ma è necessario", ha sottolineato il presidente della banca centrale americana, Jerome Powell. Un altro rialzo forte dei tassi di interesse potrebbe essere approvato alla prossima riunione, ma dipenderà dai dati, rileva ancora Powell, sottolineando comunque che "a un certo punto sarà appropriato rallentare la velocità dei rialzi".

Intanto, in Italia si è alle prese non solo con l'inflazione e l'aumento del costo della vita, ma anche con la gestione, il risparmio e stoccaggio del gas, visto che la Russia sta già tagliando le sue forniture.

Il ministro per l'Innovazione, Roberto Cingolani, è netto: non c'è altra strada che "tagliare, al minimo, ma farlo", i consumi di case, uffici e fabbriche. Il piano d'intervento del ministro si basa sul presupposto che poche misure possono aiutare a superare l'emergenza invernale, periodo in cui la domanda schizza trainata dai consumi delle centrali termiche che alimentano i riscaldamenti.

Per risparmiare 2,5 miliardi di metri cubi l'anno, Cingolani fa riferimento a un'analisi realizzata dall'Enea che, se dipendesse da lui, convoglierebbe in un provvedimento. L'attuale situazione politica, con un governo dimissionario, gli impedisce di mettere nero su bianco che solo "abbassando le temperature dei termostati di 1 grado, da 20 a 19 gradi, e riducendo di un'ora al giorno il loro utilizzo" sarebbe possibile uscire dalla dipendenza verso Mosca nel tempo in cui è giusto farlo, cioè "in due anni, a metà del 2024", come spiega il Corriere della Sera. Al momento non c'è l'urgenza di applicare questa tagliola, ma il prossimo governo, appena insediato, "dovrebbe farlo".

Le forniture russe continuano ad affluire, seppure ridotte di un terzo, al punto di ingresso di Tarvisio. Tra l'altro, il gas via tubo Mosca può venderlo solo all'Europa in queste quantità. Un potere negoziale lo avremmo, e invece, fa notare Cingolani, "ogni volta che si annuncia un taglio il costo per l'acquirente s'impenna consentendo a Mosca di guadagnare la stessa cifra vendendocene meno".

GAS E RUSSIA, L'UNIONE EUROPEA VARA IL PIANO DI EMERGENZA

4 agosto

In questi giorni i prezzi di gas e petrolio riprendono a correre, con un nuovo braccio di ferro tra Europa e Russia sulle forniture. Ormai è evidente che Vladimir Putin, dopo avere invaso l'Ucraina a fine febbraio, ora usa anche le fonti energetiche russe come arma di ricatto verso l'Unione Europea che aiuta il popolo ucraino.

E ieri il piano d'emergenza Ue sul gas è stato approvato in Consiglio Affari Energia, con la sola opposizione dell'Ungheria (ma per l'approvazione del pacchetto era richiesta la maggioranza qualificata, quindi il voto contrario di Budapest è stato ininfluente). Poco prima, la commissaria europea all'Energia, Kadri Simson, aveva detto chiaramente: "sappiamo che non c'è alcun motivo tecnico che giustifichi la decisione di Gazprom di ridurre i flussi di gas attraverso il Nord Stream 1, è un passo motivato politicamente e dobbiamo essere pronti".

Intanto il prezzo del gas fa registrare un balzo in Europa, con i timori per un'eventuale decisione della Russia di mantenere i flussi al minimo. Ad Amsterdam il prezzo è balzato a 200,40 euro al megawattora, per poi ripiegare a 199 euro, con un aumento del 12%, ai livelli di inizio marzo scorso.

Per quanto riguarda l'Italia, il riempimento degli Stock di gas "ha superato il 70%, stiamo andando verso il 71%, quindi direi che stiamo bene", ha sottolineato il ministro per la Transizione Ecologica, Roberto Cingolani: "entro l'inizio dell'inverno saremo quasi indipendenti dalle forniture russe, ed entro l'anno prossimo la situazione sarà piuttosto sicura, senza grandi dipendenze dalla Russia. Anzi, senza alcuna dipendenza dalla Russia".

Con i numeri e le regole stabilite a livello Ue, "noi dovremmo risparmiare circa il 7% rispetto alla media ponderata annuale degli ultimi cinque anni", ha spiegato ancora Cingolani: "quando abbiamo fatto il piano di differenziazione del gas spostando i 30 miliardi di metri cubi russi su altri fornitori abbiamo già previsto un risparmio che è uguale o superiore a questo numero. Le nostre azioni sono già compatibili con questo piano, per cui ci riteniamo soddisfatti".

Si tratta di correre ai ripari prima dell'inverno, dopo che nei giorni scorsi il colosso energetico russo Gazprom ha annunciato una nuova riduzione dei flussi di gas russo alla Germania attraverso il gasdotto Nord Stream 1. L'azienda russa del gas ha annunciato che ridurrà al 20%, rispetto al totale precedente, le forniture per lavori di manutenzione a un'altra turbina.

Il flusso attraverso il gasdotto che corre dalla Russia alla Germania sotto il Mar Baltico scenderà così a 33 milioni di metri cubi al giorno. Il Nord Stream 1 ha una capacità giornaliera di circa 167 milioni di metri cubi. A giugno, il colosso energetico statale russo aveva già ridotto quel volume a soli 67 milioni di metri cubi al giorno. Insomma, la Russia a Est bombarda l'Ucraina e a Ovest chiude il rubinetto del gas, e l'Europa deve dimostrare di essere un colosso politico unitario in grado di affrontare e vincere queste sfide e queste minacce.

L'EARTH OVERSHOOT DAY ARRIVA SEMPRE PRIMA

9 agosto

L'Earth Overshoot Day è il giorno che segna l'esaurimento delle risorse rinnovabili che la Terra è in grado di rigenerare nell'arco di un anno solare. La data cambia di anno in anno, a seconda della rapidità con cui le risorse vengono sfruttate e consumate. Quest'anno la data fatidica è stata il 28 luglio.

In pratica, dal 29 luglio al prossimo 31 dicembre l'Umanità sta consumando risorse naturali che la Terra non sarà in grado di rigenerare nell'arco dell'anno successivo. L'Earth Overshoot Day è una data simbolica elaborata ogni anno dal Global Footprint Network, una organizzazione no-profit internazionale che studia l'impronta ecologica di tutti i Paesi. Lo scorso anno l'Overshoot Day, a livello globale, era stato il 29 luglio; quindi, quest'anno è arrivato un giorno prima, rispetto al 2021, abbiamo esaurito un giorno prima ciò che la Terra rigenera nell'arco di un anno. Dal 1972 a oggi la tendenza generale vede purtroppo un costante arretramento della data. Dal 10 dicembre stimato per il 1972 siamo arrivati al 28 luglio. Con un significativo picco negativo in due anni consecutivi, il 2018 (25 luglio) e il 2019 (26 luglio): in pratica i due anni che hanno preceduto la pandemia.

"Nel 2020 Il giorno del sovrasfruttamento della Terra era arrivato più tardi del solito, ovvero il 22 agosto", rileva il sito web Rinnovabili.it: "a generare l'inversione di tendenza è stato però un evento eccezionale, la pandemia di Covid-19, che ha comportato il rallentamento dell'economia globale e il conseguente impatto su consumi ed emissioni". Poi, in breve, tutto torna come prima.

Come viene calcolata e trovata la data dell'Earth Overshoot Day? Viene prima calcolata "la biocapacità terrestre globale, cioè quella 'riserva biologica' che permette all'ecosistema di rigenerare le risorse e di assorbire il carbonio emesso", spiega il sito EticaSgr.com: "quindi si stimano le esigenze dell'Umanità in termini di emissioni di carbonio, di terreni coltivati, di sfruttamento degli stock ittici e di uso delle foreste". Si calcola infine il numero di giorni in cui i due dati si compensano a vicenda: i giorni in cui i consumi oltrepassano la 'riserva' sono detti di Overshoot ("superamento"), in quanto eccedono le risorse disponibili.

Il calcolo dell'Overshoot Day è quindi dato dal rapporto tra l'ammontare di tutte le risorse che la Terra è in grado di generare ogni anno e l'impronta ecologica dell'Umanità, cioè la richiesta di risorse per quell'anno. Detto in altre parole: il genere umano sfrutta le risorse della Terra come se avesse a disposizione 1,75 pianeti. Questo risultato, ottenuto considerando i consumi di tutti gli Stati del mondo, è uno dei peggiori in assoluto e testimonia le drammatiche conseguenze degli stili di vita e delle abitudini di consumo dei Paesi a reddito alto.

Il sito EticaSgr.com sottolinea ancora: per il nostro Paese l'Overshoot 2022 è stato il 15 maggio, da quel giorno in poi abbiamo esaurito le risorse disponibili per l'anno in corso e da allora stiamo consumando le risorse del 2023. Il Global Footprint Network stima che la percentuale più alta dell'impronta italiana sia data dai consumi alimentari (25% del totale) e dai trasporti (18%), seguiti da edilizia, agricoltura, allevamento ed energia. Secondo i calcoli, se tutti gli abitanti del Pianeta vivessero come noi italiani, servirebbero 2,8 pianeti per sostenere i consumi di risorse naturali.

C'è anche, e purtroppo, chi fa peggio. Nel 2022 il primo Paese ad aver raggiunto l'Overshoot Day è stato il Qatar (10 febbraio), seguito dal Lussemburgo (14 febbraio). Entrambi i Paesi vantano il poco invidiabile primato di vivere a debito di risorse per quasi tutto l'anno. A seguire ci sono Canada, Stati Uniti ed Emirati Arabi Uniti (13 marzo), quindi Australia (23 marzo), Belgio (26 marzo), Danimarca (28 marzo) e Finlandia (31 marzo). Sono i Paesi che più inquinano e consumano risorse naturali. Per contro, gli Stati dove l'Overshoot Day arriva più tardi sono la Giamaica (20 dicembre), l'Indonesia (3 dicembre) e l'Ecuador (6 dicembre). Significa quindi che alla Giamaica per vivere bastano poche risorse in più rispetto a quelle offerte dalla natura, mentre per gli Stati 'maglia nera' servono in media cinque volte le risorse naturalmente disponibili. Se al mondo esistessero solo i Paesi ricchi e industrializzati, avremmo bisogno di cinque pianeti per sostenerne i consumi quotidiani. Ovviamente, una situazione del genere non è sostenibile e porta al collasso del Pianeta.

LA CRISI DI TAIWAN, PROVINCIA CINESE RIBELLE A RISCHIO INVASIONE

18 agosto

Con la guerra della Russia all'Ucraina che da fine febbraio tiene l'Europa e il mondo con il fiato sospeso, in Asia per Taiwan si infiamma un'altra crisi geo-politica – si spera non militare anche qui – tra Cina e Stati Uniti.

Pechino ha alzato la voce con Washington per la visita sull'isola da parte della speaker della Camera Usa, Nancy Pelosi (la missione americana a più alto livello degli ultimi 25 anni). Come riporta IlSole24Ore, "se gli Stati Uniti insisteranno, la Cina adotterà ferme e forti misure per proteggere la sua sovranità e la sua integrità territoriale", ha ammonito il portavoce del ministero degli Esteri cinese, Zhao Lijian, manifestando tutta l'irritazione per la missione di Pelosi, che a Pechino considerano un'intromissione inaccettabile nei propri affari interni.

La pressione su Taipei – che è di fatto la capitale di Taiwan – continua ad aumentare, e le vicine manovre militari cinesi, che stanno durando più del previsto, hanno dato forma a scenari preoccupanti, fino a prevedere l'eventualità peggiore: l'invasione da parte della Cina.

Taiwan per il regime di Pechino è una provincia ribelle che fa parte del territorio cinese. E, negli ultimi anni, la minaccia di un intervento militare contro l'isola si è fatta sempre più insistente, come testimoniano le decine di aerei da guerra inviati nel suo spazio aereo, con lo scopo di scoraggiare gli indipendentisti e dissuadere gli alleati stranieri, principalmente gli Stati Uniti, dall'interferire.

A oltre 70 anni dalla guerra civile che ha diviso i nazionalisti di Taipei dalla Repubblica popolare cinese – come sottolinea La Repubblica – i sondaggi mostrano che i 23 milioni abitanti di Taiwan rifiutano ogni ipotesi di controllo da parte della Cina. "Gli aerei militari cinesi hanno spesso sorvolato minacciosamente Taiwan negli ultimi anni e la guerra tra Russia e Ucraina ha fatto crescere la paura tra la gente", rimarca il sindaco di Taipei, Ko Wen-je, riferendosi alle preoccupazioni che la guerra possa scoppiare anche nell'Asia orientale.

Il presidente cinse, Xi Jinping, punta al terzo mandato come leader del Partito comunista nel Congresso di fine anno e deve fare i conti con un'economia in rallentamento e con la reazione della popolazione alla politica Zero Covid: il problema non è stato risolto, e la minaccia di un'escalation militare preoccupa tutti.

Mentre gli Stati Uniti stanno raddoppiando i loro sforzi per intensificare le relazioni con i Paesi del Pacifico come contrappeso alla Cina, il generale Mark Milley, capo di Stato maggiore dell'esercito Usa, ha segnalato il progressivo rafforzamento militare cinese negli ultimi cinque anni: "il messaggio è che l'esercito cinese, in aria e in mare, è diventato significativamente più aggressivo". Ora stiamo a vedere che un'antica rivalità tra Taiwan e Cina rischia di far cadere la goccia che trabocca il vaso.

MPS: PIÙ CHE UN 'MONTE', UN POZZO PROFONDO

30 agosto

Il Monte dei Paschi di Siena (Mps) è la banca più antica del mondo, fondata nel 1472, come l'Istituto bancario non manca di sottolineare anche nel suo logo. Ma i fasti del passato sono un lontano ricordo, da decenni ormai Mps è un serbatoio di benessere più secondo logiche rinascimentali che di libero mercato.

E ora la banca – salvata dal Crack anni fa statalizzandola, il Tesoro ne detiene il 64,23% delle quote azionarie – è al centro di un nuovo ciclone, tra conti che non tornano e risultati da rianimare con i soldi pubblici. Le quotazioni della banca senese restano sotto i riflettori in vista dell'assemblea che il prossimo 15 settembre dovrà approvare l'aumento di capitale da 2,5 miliardi di euro. "Cifra monstre che si confronta con una capitalizzazione di Borsa attualmente pari a 374 milioni, numeri che rendono più complicata l'operazione", come sottolineano IlSole24Ore, Wall Street Italia, Milano Finanza, "dato che impediranno l'emissione di nuove azioni a sconto rilevante rispetto ai valori al netto del diritto di opzione".

Mps rischia di diventare una zavorra sempre più insostenibile per tutti e, alla vigilia delle elezioni nazionali, con tutte le connessioni politiche esistenti, il suo peso rischia di aumentare.

Per ricapitolare quanto è avvenuto negli ultimi mesi: a luglio scorso, Lovaglio aveva dichiarato che, viste le buone condizioni patrimoniali della banca, l'aumento di capitale da 2,5 miliardi di euro da lanciare a novembre sarebbe stato inscindibile e a condizioni di mercato. Essendo una banca 'pubblica' per oltre il 64% del totale, il MEF (Ministero dell'Economia e delle Finanze) dovrà rispondere dell'aumento di capitale per circa 1,6 miliardi. Per gli altri 900 milioni, necessari a raggiungere la quota dei 2,5 miliardi previsti, si sarebbe andati sul mercato a raccogliere quanto necessario.

Ma nel documento di convocazione della prossima assemblea a metà settembre, si evince in maniera molto netta che l'aumento di capitale è scindibile e cioè che la raccolta potrebbe fermarsi a 1,6 miliardi garantiti dal Tesoro, lasciando, in balia delle onde di mercato, i 900 milioni che mancano.

Cosa è successo tra le dichiarazioni di luglio dell'a. d. Lovaglio e oggi? "Tutto ruota attorno a un documento dei revisori dei conti che, prima di un eventuale aumento di capitale, sono chiamati a verificare lo stato patrimoniale della banca", sottolinea Wall Street Italia: "ebbene, a fronte di perdite pregresse, il collegio dei revisori dei conti propone di abbattere il patrimonio della banca da 9 miliardi e 200 milioni circa a 4 miliardi. Insomma, il patrimonio della banca di Rocca Salimbeni sarebbe praticamente dimezzato in barba a tutti i numeri positivi rilanciati proprio nelle dichiarazioni di luglio".

È chiaro che il mercato, che sta penalizzando fortemente il titolo, non crede in una facile soluzione della vicenda. Il rischio, che in queste condizioni potrebbe diventare una certezza, è che i 900 milioni vadano inoptati, cioè che restino sul mercato senza essere acquistati. Questo imporrebbe, o potrebbe farlo, una soluzione interna al mercato bancario stesso. Come già fatto qualche anno fa, si chiederebbe agli Istituti del nostro Paese di "contribuire" per la quota che verrebbe a mancare. Così, il Pozzo di San Patrizio in cui MPS si sta trasformando, assorbirebbe altri soldi pubblici (il miliardo e 600 milioni del MEF) e metterebbe ulteriormente sotto pressione il sistema bancario italiano. Cosa potrebbe chiedere la BCE in una situazione che si fa sempre più complessa? L'ipotesi peggiore è legata al cosiddetto Burden sharing, che imporrebbe la partecipazione alle perdite da parte dei privati, soprattutto dei sottoscrittori di obbligazioni subordinate. Vedremo cosa succederà.

RISPARMIO: LA RICCHEZZA FINANZIARIA DEGLI ITALIANI È AUMENTATA DEL 50% NEGLI ULTIMI DIECI ANNI

31 agosto

La ricchezza finanziaria degli italiani a fine 2021 supera quota 5.256 miliardi di euro, ed è cresciuta di quasi 1.700 miliardi (+50%) nell'ultimo decennio. Lo evidenzia una ricerca sul risparmio realizzata dalla Fabi, il principale sindacato del settore bancario italiano, da cui emerge anche che "la liquidità resta la forma preferita di allocazione del risparmio".

In pratica, molti soldi restano fermi sui conti correnti e depositi, e ciò significa che non solo non producono valore, interessi e altra ricchezza, ma in tempi di alta inflazione perdono potere d'acquisto e si svalutano nel corso del tempo. Una tendenza, o meglio una cattiva abitudine, dura da intaccare, tanto che il contante nel patrimonio complessivo degli italiani negli ultimi dieci anni è cresciuto di 509 miliardi (+45%), arrivando a quota1.629 miliardi, con la percentuale di denaro lasciato su conti correnti e depositi stabile al 31% del totale delle masse finanziarie.

In forte calo le obbligazioni (-67%, scese a 233 miliardi di euro), mentre crescono le polizze assicurative (+78%, a 1.213 miliardi), che coprono il 23% dei risparmi complessivi. È il quadro della situazione patrimoniale delle famiglie italiane a dieci anni dal "Whatever it takes" dell'allora presidente della Bce, Mario Draghi, "per salvare l'euro", fa notare la Fabi: "evidentemente, le misure di allora per tutelare il risparmio degli italiani hanno funzionato, se dopo un decennio i risultati sono questi".

Secondo il Report del sindacato autonomo dei bancari, "solo nel 2021, anno di avvio della ripresa economica poi svanita con l'inizio della guerra tra Russia e Ucraina, il risparmio delle famiglie italiane ha generato un flusso di 320 miliardi di euro". Il 61% della nuova ricchezza accantonata (143 miliardi in termini assoluti) è stato destinato ad attività finanziarie, principalmente azioni, il 16% (72 miliardi) a liquidità, e la restante parte a forme di risparmio alternative.

A crescere molto è stato il peso delle azioni: con 690 miliardi rappresentava il 19% delle riserve finanziarie delle famiglie nel 2011, cifra salita a 1.107 miliardi nel 2020 (22%), e poi ancora a 1.251 miliardi nel 2021, sfiorando il 24% del totale dei portafogli finanziari.

Il segretario generale della Fabi, Lando Sileoni, rileva che la ricchezza finanziaria delle famiglie italiane "dovrebbe oggi essere maggiormente considerata nei programmi elettorali dei partiti in vista del 25 settembre e del futuro Governo". Sileoni chiede che "tutte le forze politiche tutelino, con proposte serie e concrete, i risparmi degli italiani. Si tratta di oltre 5.200 miliardi di euro, che potranno giocare un ruolo essenziale per il rilancio e la crescita economica del Paese".

Secondo la Fabi, "sarebbero dannosi, in quest'ottica, interventi fiscali, come ad esempio la patrimoniale, che aumenterebbero il carico fiscale su denaro che è frutto di risparmi sui redditi delle lavoratrici e dei lavoratori, quindi già ampiamente tassato dallo Stato". Servirebbe invece ora e per il prossimo futuro "una corretta politica di tutela e incentivazione dei risparmi verso investimenti produttivi", che "può rappresentare la ricetta giusta per accompagnare l'utilizzo dei fondi europei e altri interventi e investimenti pubblici".

SETTEMBRE

TERRE RARE: LA CINA È IN TESTA, MA C'È CHI PUNTA A SUPERARLA

7 settembre

Ho trovato un articolo interessante che parla delle cosiddette 'terre rare', sul quindicinale (storico) Il Bollettino, ecco i punti più rilevanti di questa analisi dell'argomento e del settore.

Con il 70% delle riserve di terre rare – che sono composte complessivamente da 17 elementi: tra cui scandio, ittrio e i lantanoidi – , la Cina si è aggiudicata negli anni il monopolio nella produzione mondiale. Ma essere leader nel settore si rivela un'arma a doppio taglio: "il suo monopolio non si rivela né economicamente redditizio, né può trasformarsi in peso geo-strategico determinante", sottolinea Samuel Richer, fondatore di Octobot Consulting, società francese di intelligence economica specializzata nel mondo cinese: "nulla esclude un ritorno importante nel settore dell'anglosfera promossa dai fondi del Pentagono con Stati Uniti e Australia in testa".

La Cina negli ultimi 30 anni ha tradotto in realtà quella che era la visione e previsione del 1992 di Deng Xiaoping: il petrolio della Cina sono le terre rare e saranno la chiave della filiera produttiva delle tecnologie del futuro. Attorno al 1997, Pechino comincia a sfruttare ampiamente le immense miniere di Bayan Obo a Nord di Baotou, in Mongolia, che rappresenta circa il 70% delle riserve mondiali di terre rare. Tuttavia, pochi sanno che fino ai decenni precedenti gli Usa erano il primo produttore di terre rare e si stima che potrebbero ancora oggi fornire circa l'85% della domanda mondiale, come prodotto derivato dei processi di estrazione di altri metalli.

Ciò che rende queste terre così 'rare' non è tanto la loro rarità oggettiva, ma i loro costi di estrazione in termini di esternalità negative nell'ambiente: i rischi sono alti in termini chimici e persino radioattivi, se si pensa al torio, ottenuto dalla raffinazione delle sabbie di monazite, che è un sottoprodotto dell'estrazione delle terre rare. I cinesi stanno cercando in tutti i modi di rendere il monopolio nel settore non solo una leva geo-strategica, ma anche un'attività capace di generare profitto sotto il profilo economico. Come osserva un documento del National Energy Technology Laboratory, nel 2018, anno in cui la Cina giunge al suo culmine nella produzione di terre rare, il loro mercato mondiale valeva circa 8 miliardi di dollari, di cui gli Stati Uniti ne importavano appena il 7% pari al loro fabbisogno, equivalenti a 18.500 tonnellate per soli 165 milioni di dollari, contro i 2.6 trilioni di dollari di importazioni americane in macchine, veicoli e altri prodotti finiti.

A colpo d'occhio si constata quanto in termini puramente economici le terre rare non possano avere lo stesso peso del petrolio, come mostra anche un paragone tra l'impatto del petrolio nell'economia dell'Arabia Saudita (19% del Pil del Paese arabo) e l'impatto delle terre rare in quella di Pechino (0,01% del Pil cinese).

Però un punto centrale della questione è proprio questo: tutto il valore delle terre rare sta nei rischi ambientali del loro processo di estrazione e lavorazione. "La Cina ha costruito la sua potenza economica inserendosi strategicamente in quei vuoti lasciati dall'Occidente per i motivi più differenti", fa notare Richer, "tra cui in primo luogo vi sono le ragioni ambientali, congiunte spesso a processi produttivi a basso tasso tecnologico, tra cui vi è anche l'estrazione delle terre rare e la loro lavorazione".

Nel 2021 la fetta cinese nel mercato delle terre rare scende dall'80% al 60% e ciò deriva da una ripresa della produzione americana e australiana, ma anche da anni di produzione cinese disarticolata ed economicamente non redditizia.

E l'America cosa fa? Nel giugno scorso, negli States viene siglato un accordo di finanziamento pari a 120 milioni di dollari tra il Dipartimento della Difesa Usa e l'australiana Lynas Rare Earths, per costruire il primo impianto negli Stati Uniti per l'estrazione e l'isolamento di terre rare pesanti, di cui è prevista l'entrata a regime nel 2025.

La strategia di Washington si corona con il Minerals Security Partnership, con cui lega a sé Australia, Canada, Finlandia, Francia, Germania, Giappone, Corea del Sud, Svezia e la Commissione Europea, per coordinare l'investimento di governi e il settore privato, affinché si riproduca l'intera filiera produttiva non solo delle terre rare ma di tutti i '50 minerali critici' dall'estrazione ai prodotti elaborati sotto standard ambientali, sociali e di governance occidentali.

Lo sguardo è al domani che vedrà il ruolo di queste materie prime sempre più imponente per le nuove tecnologie necessarie in un'economia a emissioni zero. Questo accordo rappresenta un salto di qualità nel confronto sino-americano, dato che fino all'anno scorso gli Stati Uniti continuavano a esportare i minerali grezzi alla Cina per l'estrazione delle terre rare. E ancora oggi in Europa, l'apertura di una miniera di terre rare sarebbe grottesca non avendo alcun impianto di raffinamento nel continente.

La via europea sembra invece puntare sull'idea della miniera Green, incentrata sul riciclaggio, mentre alcuni leader delle batterie, come Samsung e Panasonic, stanno attualmente sperimentando soluzioni prive di cobalto e che risultano più performanti, senza considerare che già la Tesla ad autonomia standard non utilizza batterie con cobalto.

In ogni caso, le terre rare resteranno un elemento strategico per l'economia del futuro, e la sfida la vincerà chi saprà guardare oltre l'immediato per puntare sulla costruzione dell'intera filiera dall'estrazione fino ai prodotti elaborati finiti, dagli schermi video alle batterie per telefoni e auto elettriche, dagli elettrodomestici ai caccia F35.

LA BCE RIALZA I TASSI DI INTERESSE PER DOMARE L'INFLAZIONE

9 settembre

Come secondo previsioni e attese – e come evidenziato da diversi articoli su giornali e siti online –, la Banca Centrale Europea (Bce) ha deciso di alzare di 75 punti base i tre tassi di interesse di riferimento.

Così, l'istituto di Francoforte ha reso nota la decisione di politica monetaria, che "anticipa la transizione dal livello attualmente molto accomodante dei tassi di interesse di riferimento a livelli che assicureranno un ritorno tempestivo dell'inflazione al nostro obiettivo del 2%" sottolinea la nota della Bce.

Non solo. Il Consiglio direttivo della Banca Centrale Europea "si attende di aumentare ulteriormente i tassi di interesse nelle prossime riunioni per frenare la domanda e mettere al riparo dal rischio di un persistente incremento dell'inflazione attesa", spiega ad esempio Wall Street Journal Italia. Il Consiglio direttivo riesaminerà regolarmente la traiettoria della politica alla luce delle informazioni più recenti e dell'evolvere delle prospettive di inflazione. Anche in futuro, le decisioni sui tassi di riferimento saranno guidate dai dati e rifletteranno un approccio in base al quale vengono definite di volta in volta a ogni riunione".

Pertanto, i tassi di interesse sulle operazioni di rifinanziamento principali, sulle operazioni di rifinanziamento marginale e sui depositi presso la banca centrale saranno innalzati rispettivamente all'1,25%, all'1,50% e allo 0,75%, con effetto dal 14 settembre 2022.

Per quanto riguarda l'inflazione, secondo la stima rapida di Eurostat ha raggiunto il 9,1% nell'eurozona ad agosto. I rincari dei beni energetici e alimentari, le pressioni della domanda in alcuni settori dovute alla riapertura delle attività economiche e le strozzature dell'offerta costituiscono ancora i fattori responsabili dell'incremento dell'inflazione. Le spinte sui prezzi hanno continuato a rafforzarsi e diffondersi in tutta l'economia e l'inflazione potrebbe aumentare ulteriormente nel breve periodo. In prospettiva, gli esperti della Bce hanno rivisto significativamente al rialzo le proiezioni sull'inflazione, che quindi si porterebbe in media all'8,1% nel 2022, al 5,5% nel 2023 e al 2,3% nel 2024.

La Bce prevede per l'area dell'euro un considerevole rallentamento dell'economia, che dovrebbe ristagnare nel prosieguo dell'anno e nel primo trimestre del 2023. I prezzi molto elevati dell'energia riducono il potere di acquisto dei redditi delle famiglie e, sebbene si stiano attenuando, le strozzature dal lato dell'offerta continuano a frenare l'attività economica. Inoltre la situazione geopolitica avversa, soprattutto la guerra in Ucraina, si ripercuote sulla fiducia delle imprese e dei consumatori. Tali prospettive si riflettono quindi nelle ultime proiezioni formulate dagli esperti per la crescita economica.

ADDIO ALLA REGINA ELISABETTA II D'INGHILTERRA DOPO 70 ANNI DI REGNO

13 settembre

C'è chi dice che con la morte della Regina Elisabetta II d'Inghilterra – che si è spenta l'altro giorno a 96 anni, nel castello di Balmoral in Scozia – si è davvero chiuso il Novecento. Può essere una conclusione un po' forzata, ma di sicuro la Regina Elisabetta è stata tra i grandi protagonisti del secolo scorso, e – questo sì – tra gli ultimi ad andarsene.

Ieri la sua salma è stata trasferita a Edimburgo, dove sarà esposta per 24 ore nella cattedrale di Saint Giles, per l'ultimo saluto da parte dei suoi sudditi scozzesi, poi lunedì prossimo 19 settembre sono in programma i solenni funerali di Stato a Londra, all'abbazia di Westminster.

In questi giorni rimbalzano sulle televisioni le immagini un po' sgualcite di un altro evento solenne, che si svolse proprio nella stessa grande abbazia londinese: quelle della sua incoronazione, il 6 febbraio 1952, quando Elisabetta era una giovane e bella venticinquenne. Da allora ha regnato sulla Gran Bretagna per 70 anni, e il suo regno è stato caratterizzato da una lunga serie di record, più o meno ufficiali.

Per esempio, Elisabetta è stata la sovrana più longeva nella storia del Regno Unito, e quella più anziana. Nessuno ha viaggiato più di lei (oltre 120 viaggi ufficiali), ed è l'unica ad aver presenziato all'apertura di due edizioni delle Olimpiadi estive: a Montreal nel 1976 e a Londra nel 2012. Sempre nel 1976 è diventata la prima sovrana a inviare un'email: è accaduto il 26 marzo di 46 anni fa, con un messaggio inviato da una base militare attraverso la rete Arpanet.

Nella sua lunga 'carriera' reale, che si è snodata attraverso due secoli, Elisabetta ha lavorato con 15 primi ministri del governo inglese. Quando è salita al trono, nel 1952, era in corso il mandato del premier Winston Churchill.

Al numero 10 di Downing Street si sono poi succeduti Anthony Eden (1955), Harold Macmillan (1957), Alec Douglas-Home (1963), Harold Wilson (1964), Edward Heath (1970), Harold Wilson bis (1974), James Callaghan (1976). È stata poi la volta di Margaret Thatcher (1979), John Major (1990), Tony Blair (1997), Gordon Brown (2007), David Cameron (2010), Theresa May (2016), Boris Johnson (2019) e Liz Truss (2022), fresca di nomina.

Secondo le regole e procedure della Corona e dello Stato inglesi, la Regina incontrava il capo del governo una volta alla settimana (il mercoledì), per ricevere personalmente gli aggiornamenti politici del Paese, e per "consigliare, spronare o criticare" le mosse di governo e Parlamento, come previsto dai rapporti tra le istituzioni.

Ora al trono è salito il figlio Carlo, incoronato come Re Carlo III, insieme alla consorte Camilla, da sempre al centro del gossip della famiglia reale. E si apre un piccolo 'giallo' sulla gestione dell'eredità: secondo le stime di Forbes, la monarchia britannica nel suo insieme vale 88 miliardi di dollari. La sovrana ne possedeva personalmente una ('piccola') frazione: 447 milioni di dollari.

E secondo i media anglosassoni di recente la Regina Elisabetta avrebbe modificato il testamento escludendo dall'eredità il nipote Harry, con la moglie Meghan e i loro figli. Vedremo cosa succederà d'ora in poi a Buckingham Palace. Sebbene una famiglia reale e una monarchia ai nostri giorni sembrino sempre più un fardello impolverato del passato, le vicende dei Windsor continuano ad appassionare orde di inglesi e di altri curiosi in tutto il mondo.

Intanto, la morte di Elisabetta II provoca già i primi contraccolpi: Antigua e Barbuda, isole che fanno capo al Commonwealth e che hanno riconosciuto come re e capo di Stato Carlo III, indiranno presto un referendum che potrebbe trasformarle in una Repubblica. La Bbc riporta una dichiarazione in questo senso del premier del Paese Gaston Browne, il quale ha precisato che si potrebbe andare al voto entro tre anni, e che in ogni caso "non si tratta di un atto di ostilità" bensì del "passo finale per completare il cerchio dell'indipendenza e diventare una nazione veramente sovrana".

LA GUERRA DEL GAS GELA L'ITALIA, TRA IPOTESI DI RAZIONAMENTO E POLEMICHE

16 settembre

Per capire come verrà affrontata (anche) l'emergenza energetica e del gas in Italia – conseguenza diretta della guerra della Russia in Ucraina, che ha fatto saltare gli equilibri, e le forniture, precedenti –, dovremo attendere il 25 settembre e l'esito delle elezioni politiche.

Non che le risorse energetiche a disposizione cambieranno con la vittoria dell'una o dell'altra parte, ma potrebbero cambiare il modo e le misure per affrontare la crisi, anche se lo spazio di manovra è stretto per chiunque. E il governo Draghi (uscente) ha già dovuto presentare un proprio piano energetico nazionale, vista l'urgenza della situazione: tra poche settimane si accenderanno anche i sistemi di riscaldamento degli edifici, per affrontare un autunno-inverno che si preannuncia 'caldissimo' solo in termini di approvvigionamenti, consumi e costi energetici.

Secondo i Future sul gas, torneremo alla normalità solo nel 2027. Anche se in uno scenario internazionale ed energetico totalmente cambiato, ormai è difficile capire il significato del termine "normalità". Ministri, addetti ai lavori, esperti del settore "fanno calcoli e cercano di tenerci buoni, creando una sorta di 'effetto allucinato' che permette agli italiani di vedere solo 'cose belle', a costo di allontanarsi sempre più dalla realtà. E la realtà, numeri alla mano, è davvero complessa, anche perché molti fanno a gara per complicarla", rileva Leopoldo Gasbarro sul giornale finanziario online che dirige, Wall Street Italia.

Quanto gas consumiamo normalmente in Italia? Il Mise (Ministero dello Sviluppo economico) dice che nel 2021 abbiamo incamerato circa 73 miliardi di metri cubi di gas. Di contro, ne abbiamo consumati 77, 4 in più di quelli stoccati. Ma non ce ne preoccupavamo, dato che il flusso dalla Russia garantiva più di 50 miliardi di metri cubi l'anno, e bastava poco per recuperarne qualcuno in più.

Ma con la guerra in Ucraina e ciò che ne è conseguito, tutto è cambiato. Si è aperta anche la cosiddetta 'guerra del gas', tra Russia ed Europa, come ritorsione al sostegno europeo verso l'Ucraina. Una situazione e una crisi senza precedenti. Quest'anno secondo le stime dovremmo consumare circa 76 miliardi di metri cubi di gas. Le scorte sono pari a circa il 20% del consumato. Quindi se il consumo è di 76 miliardi le scorte dovranno essere di 15,2 miliardi. Le stime del Mite indicano che gli stoccaggi ai livelli attuali, cioè all'83% della loro capacità (pari a circa 12,6 miliardi di metri cubi), siano sufficienti per il fabbisogno invernale ma non oltre.

Ma poter contare sulle scorte era sensato fino al 30 agosto scorso, giorno in cui Vladimir Putin ha chiuso definitivamente la strada al gas che arrivava dalla Russia ai Paesi europei.

Nei giorni scorsi, il Ministero per la transizione ecologica (Mite) ha presentato il piano per "realizzare da subito risparmi utili a livello europeo a prepararsi a eventuali interruzioni delle forniture di gas dalla Russia". Tra le misure previste, una riduzione di un grado per il riscaldamento degli edifici, da 17 con più o meno 2 gradi di tolleranza per gli edifici adibiti ad attività industriali, artigianali e assimilabili, da 19 con più o meno 2 gradi di tolleranza per tutti gli altri edifici.

Inoltre "i limiti di esercizio degli impianti termici, sono ridotti di 15 giorni per quanto attiene il periodo di accensione (posticipando di 8 giorni la data di inizio e anticipando di 7 giorni la data di fine esercizio) e di un'ora per quanto attiene la durata giornaliera di accensione". Non è prevista dal documento l'ipotesi di ridurre il riscaldamento negli ospedali e nelle case di ricovero, ovvero le "utenze sensibili".

Ma piovono critiche sul piano nazionale di contenimento dei consumi del gas firmato dal Ministro per la transizione ecologica, Roberto Cingolani. Secondo Assoutenti, "con gli stoccaggi e gli approvvigionamenti di gas attuali le aziende fornitrici non sono in grado di fornire il gas a tutti i propri clienti e riusciranno a coprire il fabbisogno energetico invernale per un periodo non superiore ai 45 giorni, dopo di che sarà il caos, con pesanti razionamenti, case gelate e stop alle attività per industrie e imprese".

L'associazione degli utenti rimarca: "di fronte a tale inquietante quadro, crediamo siano necessarie misure straordinarie di solidarietà energetica, volte a ridurre i consumi ed evitare la paralisi del Paese, ad esempio si risparmierebbe il 20% del fabbisogno se si posticipasse di 15 giorni il periodo di accensione dei riscaldamenti, anticipandone lo spegnimento sempre di 15 giorni".

Insomma, ci avviciniamo al prossimo inverno con molti brividi, molti rischi e poche certezze, e siamo solo all'inizio di questa guerra del gas. Ora vedremo l'esito che uscirà dalle urne del 25 settembre, e se chi guiderà il Paese da ottobre in poi avrà idee, risorse e soluzioni diverse per tirarci fuori da un inverno bollente per i costi dell'energia e gelido sul fronte dei consumi.

NELLE SCELTE D'INVESTIMENTO CONTA ANCHE LA DEMOGRAFIA

20 settembre

L a demografia è sempre più determinante nelle scelte di investimento. E lo sarà sempre di più in futuro. In tutto il mondo. In generale, il cambiamento demografico è identificato come un'opportunità d'investimento da quasi il 60% degli investitori e come un rischio dal 20%.

È ciò che emerge da una nuova indagine realizzata da BNP Paribas Asset Management (Bnpp Am) in collaborazione con Coalition Greenwich. Secondo l'analisi, già tre quarti degli investitori (74%) a livello globale negli ultimi tre anni hanno modificato le scelte d'investimento per tenere conto dei nuovi trend demografici. Mentre quasi tutti gli investitori (95%) riconoscono questo elemento come determinate nel processo decisionale in materia di investimenti nel prossimo decennio.

Questo della demografia collegata alle strategie d'investimento è un argomento che ho trovato su Wall Street Italia: oltre 9 investitori su 10 (95%) hanno citato l'accelerazione delle tecnologie digitali come un importante cambiamento nella definizione delle loro strategie di investimento, seguito da vicino dall'impatto dell'invecchiamento della popolazione (91%), dai cambiamenti delle abitudini di spesa dei consumatori (89%) e dalla crescita della popolazione nei mercati emergenti (86%).

L'analisi di BNP Paribas Asset Management indica anche i settori più interessanti secondo gli investitori. In cima alle preferenze, il settore sanitario (molto attrattivo per il 91% del totale), seguito da tecnologia (84%), energia (67%), agrifood (63%), tempo libero e turismo (60%) e immobiliare (59%). "Il crescente interesse verso questi settori è legato anche alla pandemia e al cambiamento climatico", rileva la Survey.

Il Report analizza quindi "le prospettive e i comportamenti degli investitori legati alle principali tendenze demografiche e sociali, tra cui l'invecchiamento della popolazione nei Paesi sviluppati, che ha un impatto significativo sulle pensioni, l'affacciarsi delle giovani generazioni al mondo degli investimenti e la crescita della classe media nei mercati emergenti".

A livello geografico si riscontrano alcune differenze: il settore sanitario è stato considerato più importante in Europa e in Asia (entrambi 95%) rispetto agli Stati Uniti (75%). Tecnologia, telecomunicazioni e IT sono più rilevanti in Asia (93%) rispetto all'Europa (81%) e agli Stati Uniti (75%). Per gli investitori asiatici, la crescita della popolazione dei mercati emergenti è considerata un aspetto "estremamente importante" del cambiamento demografico per la strategia di investimento dalla metà degli intervistati (51%), rispetto al 21% in Europa e al 15% negli Stati Uniti.

Ancora qualche dato rivelatore di scelte e orientamenti d'investimento nel mondo: gli investitori istituzionali hanno individuato nell'azionario (52%), nel Real estate (50%) e nelle infrastrutture (47%) le classi di attività che più probabilmente beneficeranno delle allocazioni in seguito al cambiamento demografico, mentre "per gli investitori intermediari l'investimento tematico è risultato il meglio posizionato (63%), seguito dalle azioni (53%) e dalle infrastrutture (47%). Le indicazioni raccolte hanno evidenziato in genere preferenze equamente suddivise rispetto all'utilizzo di strategie attive e passive per la modifica delle allocazioni nei prossimi 10 anni, e trasversali rispetto alle aree geografiche".

Come sappiamo, la demografia è una questione molto rilevante e delicata anche in Italia, che, insieme al Giappone, a livello mondiale 'vanta' la più alta età media della popolazione: l'invecchiamento dei cittadini incide direttamente, ad esempio, sulla spesa pubblica per le pensioni, e sulla necessità o anche opportunità per molti di ricorrere a risorse pensionistiche integrative rispetto a quelle pubbliche.

ITALIA SEMPRE PIÙ IN DEFICIT DEMOGRAFICO: LA POPOLAZIONE DIMINUISCE E INVECCHIA

27 settembre

Secondo le nuove previsioni sul futuro demografico del Paese di Istat aggiornate al 2021, l'Italia è sempre più alle prese con la crisi demografica: la popolazione continua la sua decrescita, passando da 59 milioni a gennaio 2021 a 57,9 milioni nel 2030, poi a 54 milioni nel 2050 fino a scendere sotto quota 50 milioni (47,7) nel 2070. E neanche i flussi migratori potranno controbilanciare il segno negativo della dinamica naturale.

Ecco alcuni numeri e dati, presi da articoli del Corriere della Sera e IlSole24Ore: il 35% è la quota di individui di 65 anni e più nel 2050. "L'impatto sulle politiche di protezione sociale sarà importante, dovendo fronteggiare i fabbisogni di una quota crescente di anziani", sottolinea il giornale di Confindustria.

L'11% saranno i giovani fino a 14 anni di età nel 2050. Sul piano dei rapporti intergenerazionali, si presenterà un rapporto a quel punto squilibrato tra ultrasessantacinquenni e ragazzi, in misura di circa tre a uno. Il 2049 è l'anno in cui i decessi potrebbero doppiare le nascite (788mila contro 390mila). "L'aumento della sopravvivenza tra gli anziani, molti dei quali soli, potrebbe comportare un futuro aumento dei fabbisogni di assistenza", sottolinea il Corriere della Sera.

Sono invece 10 milioni e 200mila le persone destinate a vivere sole nel 2041. Si partiva da 8,5 milioni nel 2021. Il rapporto tra individui in età lavorativa (15-64 anni) e non (0-14 e 65 anni e più) passerà da circa tre a due nel 2021 a circa uno a uno nel 2050.

Il confronto tra la popolazione al 2021 e quella prevista al 2041 mostra i cambiamenti demografici e sociali che si prevedono in questi venti anni. In particolare, si osserva un aumento dei genitori soli, delle persone sole e delle persone in coppia senza figli, queste ultime soprattutto se anziane. Un altro dato rilevante: -6,4% è il calo della popolazione medio tra il 2050 e il 2070. La popolazione nello stesso periodo diminuirà di ulteriori 6,4 milioni. Secondo questa ipotesi la popolazione totale ammonterà a 47,7 milioni nel 2070, conseguendo una perdita complessiva di 11,5 milioni di cittadini rispetto a oggi.

"I giovani sono l'investimento nel futuro, quindi attenzione ai giovani vuol dire attenzione a quelle che saranno le risorse di domani", rileva il presidente dell'Istat, Gian Carlo Blangiardo, a Sky TG24. Oltre al calo demografico, pesa la fuga all'estero dei cervelli. Per il presidente dell'Istituto di statistica bisogna "fare attenzione alla natalità" e anche la politica dovrebbe prendere più in considerazione la popolazione delle nuove generazioni.

OTTOBRE

S'INFIAMMA LA GUERRA DEL GAS, TRA SABOTAGGI, ACCUSE E PREZZI ALLE STELLE

1 ottobre

Su una cosa non c'è alcun dubbio: i due grandi gasdotti Nord Stream 1 e 2, che dalla Russia portano (portavano) enormi quantità di gas all'Europa, passando sotto le acque del Mar Baltico, sono stati sabotati.

Alcune esplosioni sottomarine hanno causato almeno tre falle nei gasdotti, provocando danni "senza precedenti", denunciano gli addetti ai lavori, tanto che potrebbero risultare inutilizzabili per sempre. I sismologi danesi e svedesi sono sicuri: le esplosioni registrate nei giorni scorsi attorno all'isola danese di Bornholm non sarebbero state causate da un terremoto o altro evento geologico, ma da detonazioni.

Su chi sia stato – a sabotarli – invece il caos è massimo: la Russia accusa gli Stati Uniti, che rispediscono le insinuazioni al mittente, che le rigira verso l'Ucraina, e così, tra accuse e nuove interruzioni delle forniture, i prezzi del gas tornano a salire. L'Occidente punta l'indice su Mosca, il Cremlino si smarca da quelle che definisce "calunnie" e rilancia su Washington che "si sta avvicinando sempre più a diventare una parte del conflitto", e su Kiev che avrebbe agito per sabotare il business di Gazprom, come rimarca anche l'ISPI, l'Istituto per gli studi di politica internazionale, con sede a Milano in zona Brera, attraverso la sua newsletter.

Intanto, anche se Nord Stream 1 era stato chiuso dalla Russia all'inizio di settembre e Nord Stream 2 non è mai entrato in funzione a causa dell'invasione dell'Ucraina, la notizia dell'incidente ha innervosito i mercati e contribuito a far schizzare i prezzi del gas – che nelle ultime settimane erano tornati a stabilizzarsi verso livelli precrisi – a quota 191 euro al megawattora: +10% rispetto a pochi giorni fa. Sebbene in questi giorni nessuno dei due gasdotti fosse operativo, entrambi contenevano gas che ora si sta riversando e perdendo nel Mar Baltico. Come sottolinea l'ISPI nella sua newsletter: dai punti in cui le infrastrutture sono state danneggiate, la fuoriuscita di gas sta facendo ribollire la superficie di quel tratto di mare in aree che vanno dai 200 ai mille metri di diametro. Un fenomeno che non dovrebbe causare danni all'ecosistema ma che durerà – avverte la Danimarca –, almeno una settimana.

L'incidente avviene dopo mesi di riduzioni delle forniture di gas naturale all'Europa da parte del Cremlino, in risposta alle sanzioni predisposte contro Mosca dopo l'attacco all'Ucraina. Le autorità danesi, tedesche e svedesi hanno avviato indagini per accertare le cause delle esplosioni, mentre Mosca si dice disponibile a collaborare a un'inchiesta internazionale ma contraccambia le accuse: "il presidente americano Joe Biden deve chiarire se vi siano gli Usa dietro gli incidenti avvenuti al Nord Stream", afferma la portavoce del ministero degli Esteri russo, Maria Zakharova. La newsletter prosegue: gli attacchi alle infrastrutture potrebbero significare una nuova fase nella guerra dell'energia tra Russia ed Europa, osserva Alex Munton, esperto della società di consulenza Rapidan Energy Group, secondo cui il rischio di "un'escalation nel conflitto con potenziali attacchi diretti all'infrastruttura fisica" è reale. In passato, invece, Londra aveva espresso più volte il timore che i sottomarini russi nell'Atlantico e in altre acque settentrionali potessero cercare di colpire cavi sottomarini cruciali per le connessioni Internet.

A innervosire ulteriormente i mercati, oltre alla vicenda dei gasdotti Nord Stream, è la guerra che s'infiamma tra Gazprom e Naftogaz, il gestore della rete ucraina che non potrebbe effettuare i pagamenti di gas destinati all'Europa. Il colosso russo ha infatti rigettato la richiesta ucraina di un arbitrato e annunciato sanzioni al gestore ucraino, interrompendo di fatto tutte le forniture di gas verso l'Europa.

Ma l'Europa e l'Italia si stanno attrezzando per fare a meno del gas russo, con buoni risultati di stoccaggio e immagazzinamento delle scorte, che potranno diventare essenziali se e quando la fornitura di Mosca cesserà in modo stabile e quindi si dovrà correre ai ripari.

A LONDRA TAGLIANO LE TASSE FACENDO NUOVO DEBITO PUBBLICO: L'INTERVENTO D'EMERGENZA DELLA BANK OF ENGLAND

4 ottobre

La Bank of England nei giorni scorsi ha deciso di intervenire sul mercato obbligazionario del Regno Unito per cercare di stabilizzarlo, dopo il Sell-off dei Bond inglesi e il crollo della sterlina, che sono seguiti all'annuncio del maxipiano di tagli delle tasse per 50 miliardi di sterline, voluto dal governo di Londra guidato dalla nuova prima ministra conservatrice Liz Truss, per rimpiazzarli con altrettanto e nuovo debito pubblico.

Insomma, se la rampante Truss voleva e vorrebbe ricalcare le orme dell'icona liberista Margaret Thatcher ha iniziato con il passo sbagliato. La Banca centrale inglese ha iniziato dunque ad acquistare Gilt (i Bond inglesi) a lunga scadenza per "ripristinare condizioni di mercato ordinarie" e scongiurare un "rischio materiale per la stabilità finanziaria del Regno Unito".

Gli acquisti di Bond "saranno strettamente limitati nel tempo", ha però precisato la Bank of England, e "sono destinati ad affrontare un problema specifico nel mercato dei titoli di Stato a lunga scadenza". Le aste si svolgeranno fino al 14 ottobre, e questa mossa straordinaria e d'emergenza è arrivata dopo che mercoledì 28 settembre il Fondo Monetario Internazionale ha avvertito il Regno Unito delle conseguenze economiche negative che seguono il suo maxipiano di tagli fiscali, raccomando una rimodulazione.

In pratica, l'intervento della Bank of England è servito a calmare il mercato obbligazionario ma non è riuscito a stabilizzare la valuta britannica, tutto ciò dopo anche l'allarme per moltissimi fondi pensione a causa dell'inflazione e dell'innalzamento dei tassi per i Bond, che per quelli a 5 anni emessi dal governo britannico hanno superato persino Italia e Grecia (4,5% contro rispettivamente 4% e 4,1%), schizzando ai livelli del 2008.

Ma, come sottolinea Donato Masciandaro su IlSole24Ore, ciò che in questi giorni ha sconquassato la Gran Bretagna dovrebbe essere un monito anche per tutti gli altri Paesi europei e occidentali: rischio inflazione, tagli fiscali, debito pubblico e moneta corrente possono essere un mix esplosivo, e provocare molti danni se gestiti in maniera non adeguata.

"L'armonia tra debito e moneta esiste quando la politica di bilancio e quella monetaria viaggiano su rotte di equilibrio", fa notare, un equilibrio che nei giorni scorsi nel Regno Unito è saltato per via dei piani fiscali del nuovo governo conservatore. In sostanza, la politica di bilancio non deve mettere a rischio l'equilibrio dei conti pubblici, compromettendo anche l'azione della politica monetaria. E questo vale a Londra come a Bruxelles e Roma, a maggior ragione in vista delle mosse del nuovo governo italiano di Centrodestra guidato da Giorgia Meloni.

In più, Masciandaro rimarca: "va sempre tenuta ben presente la catena di relazioni che esiste tra rischio inflazionistico e disciplina fiscale", e "le politiche pubbliche devono essere coerenti con una credibile prospettiva che il debito pubblico sia sostenibile". La buccia di banana su cui sono scivolati il nuovo governo inglese e la premier Truss è sempre lì che rischia di essere calpestata da questo o quel governo europeo e dai suoi rappresentanti.

TRE SFIDE PER IL FUTURO DEL PAESE: INVECCHIAMENTO DELLA POPOLAZIONE, AUMENTO DEL DEBITO PUBBLICO, RIDUZIONE DI CRESCITA E PRODUTTIVITÀ

17 ottobre

Invecchiamento della popolazione, aumento del debito pubblico, riduzione di crescita e produttività: sono le tre sfide che molti Paesi occidentali – e in particolare l'Italia – devono affrontare per guardare con maggiore solidità al futuro.

Ecco qualche numero e dato: a livello globale, la quota della popolazione over-50 è passata dal 15 al 25%, ed è prevista al 50% per fine secolo, con impatto crescente sulla spesa previdenziale. In Italia, la quota di over-65 è prevista crescere dall'attuale 40% circa al 65% nei prossimi 50 anni, con una spesa previdenziale già al 18% del Pil, la più alta tra i Paesi sviluppati. Questa è tipicamente finanziata con debito pubblico, emesso su lunghe durate e sottoscritto grazie al crescente bacino di risparmi accumulati dalla popolazione che invecchia e che, direttamente o indirettamente (tramite Casse e Fondi pensione) decide di investire in Titoli di Stato 'privi di rischio', generandone l'eccesso di domanda.

Di conseguenza, nello stesso periodo (questi ultimi 50 anni), il debito pubblico globale si è moltiplicato per più di tre volte, dal 20 al 70% circa del Pil mondiale. In Italia si attesta al doppio, a circa 140%, un risultato secondo solo al Giappone (debito pubblico lordo al 266%, netto al 176%) che, non a caso, ha una quota di over-65 già oltre il 50% della popolazione e prevista al 75% in 50 anni.

Questa enorme montagna di debito pubblico è stata finanziata dalla creazione di moneta inflattiva (moltiplicatasi per 5 per l'euro negli ultimi 15 anni e per 10 per il dollaro), ma è risultata anche gestibile, con costi finanziari bassi e tassi reali negativi proprio a causa dell'eccesso di risparmi accumulato dai più anziani, e dalla loro scelta d'investimento in

Btp che, per la logica della domanda e offerta, ha spiazzato gli investimenti in capitale di rischio.

Come combinato disposto dalla situazione e dalle sue prospettive (più vecchi e più spese previdenziali, meno lavoratori per pagarle; più debito pubblico e moneta inflattiva per finanziarle, meno capitale di rischio per investire nelle imprese e nell'economia reale), i tassi di crescita (anemica) e in particolare di produttività sono diminuiti a livello globale e con particolare gravità in Italia (-1,15% quella del capitale, negli ultimi 15 anni pre-Covid; + 0,5% quella del lavoro versus una media UE dell'1,2%).

IL NUOVO GOVERNO E IL BIVIO TRA FINANZA CATTIVA E FINANZA ESG VIRTUOSA

20 ottobre

Su un totale gestito di circa 300 miliardi di euro, le nostre Casse di previdenza e Fondi pensione investono solo il 4% delle loro risorse in capitale di rischio italiano, e una quota di meno dell'1% nei più promettenti Private market italiani (Pmi, Real estate e infrastrutture non quotate). Numeri ancora più piccoli sono quelli collegati al risparmio gestito privato, investiti in Private market italiani per meno dell'1% del totale.

Ciò la dice lunga sulla lungimiranza di certe scelte, strategie e investimenti. Sono tutti soldi e potenziali finanziamenti che se ne vanno dall'Italia, per creare valore e nuova crescita altrove.

Come sottolinea Claudio Scardovi, fondatore e amministratore delegato di Hope sicaf, in un recente articolo su Milano Finanza, "la grande tentazione dei Policy-maker globali e del nuovo governo di Giorgia Meloni è di continuare su questa strada, già ampiamente praticata: assecondare l'elettorato più anziano, sempre più numeroso e votante, finanziandone a piacere le spese previdenziali e anche altre".

Come? Emettendo nuovi Btp (Long-term debt), comunque finanziati a basso costo dato l'eccesso di risparmio dei più vecchi (Savings' glut) e in continuità di sbilanci correnti (Deficit). "Il tutto reggerà, supportando il ciclo elettorale, se non per qualche momento anche quello economico", denuncia Scardovi, "fino all'inevitabile implosione di un modello di finanza cattiva, miopicamente insostenibile e da salto nel vuoto, ai danni dell'economia reale, dell'inclusione sociale e dell'ambiente".

Come invertire la rotta? Come incentivare le Casse previdenziali a investire sull'Italia? "La sfida possibile del nuovo governo deve essere il rigetto del modello di finanza cattiva, e il perseguimento di una finanza buona, con obiettivi Esg di incremento di produttività", rimarca il fondatore e amministratore delegato di Hope sicaf.

Il manager finanziario indica di agire in questa direzione "per portare i risparmi italiani verso investimenti di capitale proprio (Equity) nel Paese, e per incrementarne la crescita e produttività, che sole possono permettergli di superare l'inflazione, battere la recessione e sostenere il costo, inevitabile, di una popolazione che invecchia", e che dovrebbe farlo "come investitrice attiva dell'economia reale del Paese e non solamente come sottoscrittrice di Btp a rendimento reale negativo o di altri prodotti esterofili".

Il suggerimento alla Premier in pectore è di "non cedere alle facili lusinghe delle defiscalizzazioni o contribuzioni, e di puntare, attraverso scelte di politica economica perseguite pragmaticamente con un mix di bastone e carota (vincoli minimi e incentivi) a portare il capitale di rischio degli italiani (specie di quelli più anziani) a investire nell'economia reale del Paese (a favore anche dei più giovani)".

Ipotizzare che Casse e Fondi previdenziali "investano almeno un 10% del loro patrimonio nei Private market italiani è ragionevole, utile, redditizio e a valore aggiunto per tutte le parti sociali, generazioni e gruppi d'interesse di Destra e di Sinistra. Questo vincolo minimo recupererebbe solo una piccola parte dal precedente autofinanziamento del Tfr, rendendo idealmente Casse e Fondi Pensione più redditizi, meglio diversificati e meno soggetti al loro vero rischio sistemico, legato al debito di Stato".

La stessa cosa dovrebbe avvenire per i privati cittadini, "sia pure in assenza di vincoli minimi imposti obtorto collo", rileva Scardovi: "vanno convinti e condotti piuttosto, dal nuovo governo, quasi maieuticamente, a investire come azionisti nell'economia reale del Paese, con una più elevata redditività attesa e obiettivi di sostenibilità Esg".

Con gli incentivi fiscali già esistenti (per esempio, per Pir Alternative) resi fruibili, con forme di assicurazione sull'eventuale perdita massima, e offerti a condizioni di mercato, da Mef e Cdp. E con l'evoluzione di norme regolamentari (vedi Mifid 2) che, nate con il giusto proposito di proteggere il risparmiatore Retail dalle truffe e dai prodotti finanziari troppo complessi e rischiosi, finiscono per escluderlo dalle migliori opportunità d'investimento, relegandolo al modello della finanza cattiva. Sono i cittadini infatti che, investendo meglio, possono 'votare' con le scelte allocative dei loro risparmi, per il futuro del Paese che vorrebbero.

IL NUOVO GOVERNO ITALIANO: GIORGIA MELONI A PALAZZO CHIGI

26 ottobre

Il nuovo governo italiano, guidato da Giorgia Meloni, comprende 24 ministeri, uno in più del governo Draghi. Ma cambiano alcune deleghe e i nomi di alcuni dicasteri: lo Sviluppo economico diventa il ministero delle Imprese e del Made in Italy; quello della Transizione ecologica si chiamerà Ambiente e sicurezza energetica; le Politiche agricole cambiano in Agricoltura e sovranità alimentare, e al ministero dell'Istruzione viene aggiunta la dicitura "e del merito".

Le Politiche europee tornano a essere un ministero e includeranno anche la Coesione territoriale e il Pnrr, mentre il ministero del Sud sarà anche ministero del Mare e a quello della Famiglia si aggiunge la natalità. Ecco la lista dei ministri, per i Ministeri con portafoglio: AFFARI ESTERI: Antonio Tajani, che sarà anche vicepremier. INTERNO: Matteo Piantedosi. GIUSTIZIA: Carlo Nordio. DIFESA: Guido Crosetto. ECONOMIA: Giancarlo Giorgetti. IMPRESE E MADE IN ITALY: Adolfo Urso. AGRICOLTURA E SOVRANITA' ALIMENTARE Francesco Lollobrigida.

All'AMBIENTE E SICUREZZA ENERGETICA: Gilberto Pichetto Fratin. INFRASTRUTTURE E MOBILITA' SOSTENIBILI: Matteo Salvini, che sarà anche vicepremier. LAVORO E POLITICHE SOCIALI: Marina Calderone. ISTRUZIONE E MERITO: Giuseppe Valditara. UNIVERSITA' E RICERCA: Anna Maria Bernini. CULTURA: Gennaro Sangiugliano. SALUTE: Orazio Schillaci. TURISMO: Daniela Santanché.

E per quanto riguarda i Ministeri senza portafoglio, RAPPORTI CON IL PARLAMENTO: Luca Ciriani. PUBBLICA AMMINISTRAZIONE: Paolo Zangrillo. AFFARI REGIONALI E AUTONOMIE: Roberto Calderoli. SUD E MARE: Sebastiano Musumeci. SPORT E GIOVANI: Andrea Abodi. FAMIGLIA, NATALITA' E PARI OPPORTUNITA': Eugenia Roccella. DISABILITA': Alessandra Locatelli. RIFORME: Elisabetta Casellati. AFFARI EUROPEI, COESIONE TERRITORIALE E PNRR: Raffaele Fitto.

Per quanto riguarda le principali linee di programma del governo di centrodestra, la posizione internazionale dell'Italia, come Meloni ha già ribadito più volte, resterà saldamente ancorata all'asse euro-atlantico. E non ci saranno passi indietro sul sostegno all'Ucraina, anche con altre armi, se necessario. Ma la partita più complicata, e urgente, resta quello del gas. Lì sarà difficile discostarsi dal percorso tratteggiato da Mario Draghi e dal suo ministro Roberto Cingolani, che resta come advisor del governo di centrodestra.

A Bruxelles, però, non si potrà che continuare a battersi per ottenere il tetto al prezzo del gas (che per la prima volta da mesi è sceso sotto i 100 euro al MWh dopo l'intesa politica della scorsa settimana), e per ottenere quella solidarietà mostrata ai tempi del Covid nell'avere risorse per proteggere cittadini e imprese dai rincari. Un nuovo decreto bollette sarà probabilmente il primo impegno concreto del nuovo governo, che subito dopo dovrà affrontare la scrittura della prima Manovra, in tempi record. Senza la pretesa di fare 'tutto e subito', a maggior ragione dato che quello che Meloni ha in mente è l'orizzonte dell'intera legislatura. E senza mettere a rischio i conti complessivi.

IL NUOVO GOVERNO INGLESE: RISHI SUNAK A DOWNING STREET

31 ottobre

Ci sono volute 6 settimane in più, visto il governo-lampo di Liz Truss restata in carica solo 44 giorni, ma alla fine la Gran Bretagna ha il suo nuovo Primo ministro conservatore che nelle stanze dei bottoni ci si attendeva fin dalla caduta di Boris Johnson.

Rishi Sunak, quarantaduenne di origini indiane, ex cancelliere dello Scacchiere (l'equivalente del nostro Ministro degli Esteri), di casa nel mondo della finanza e gradito dai mercati della City, è stato proclamato senz'avversari leader del Partito Conservatore, in maggioranza a Westminster; e di conseguenza, automaticamente, capo del governo inglese. È il primo non bianco nella storia della Gran Bretagna, e il terzo Premier in 3 anni, dopo gli scandali e i complotti che in estate avevano segnato l'uscita di scena di BoJo; e poi l'interregno tanto fugace quanto catastrofico di Liz Truss, travolta dal terremoto finanziario e politico innescato da un avventuroso tentativo di manovra fiscale in deficit (si può vedere anche il Blog Post del 4 ottobre).

Come sottolinea l'agenzia di stampa Ansa, il mandato di Sunak "inizia sotto una cappa di ombre per il Regno della Brexit, fra divisioni interne, perdita evidente di credibilità e di stabilità, lacerazioni sociali e contraccolpi della crisi internazionale cui la guerra russa in Ucraina contribuisce a dare uno sfondo sinistro". Ma pure all'insegna di novità storiche senza precedenti: "suggellate dallo sbarco a Downing Street number 10 del primo figlio di una minoranza etnica dell'ex impero, della prima personalità di radici familiari indiane, del primo capo di governo di fede indù e del primo insediato da re Carlo III, salito al trono l'8 settembre scorso dopo i 70 anni di regno di Elisabetta II".

"Il Regno Unito è un grande Paese, ma non c'è dubbio che ci troviamo di fronte a una profonda sfida economica", ha rimarcato Sunak, tra emozione e orgoglio dopo la designazione a leader dei Conservatori e nuovo capo dell'Esecutivo. La sua promessa è ora quella di "lavorare giorno dopo giorno" per restituire "unità e stabilità al Regno

Unito, come al partito di maggioranza che lo governa". A dargli forza è quanto meno l'epilogo netto, stavolta, dell'ennesima partita a scacchi sulla leadership conservatrice, dopo il ritiro dell'ultimo minuto dell'unica concorrente in lizza, la ministra Penny Mordaunt, riallineatasi con Sunak in cambio di una probabile poltrona di peso nella compagine di governo riveduta e corretta da formare in questi giorni.

Giusto in tempo per tornare a mettere le mani sulla cruciale Manovra finanziaria d'autunno che il cancelliere della neo-austerity Jeremy Hunt, se confermato, dovrà illustrare lunedì 31 in Parlamento come prima risposta alla crisi e alle richieste di chiarimento su coperture delle misure fiscali, indebitamento, tagli alla spesa pubblica e dati di previsione su inflazione e recessione, avanzate dai mercati.

Nato nel 1980, Rishi Sunak proviene da una famiglia della media borghesia del Punjab rifugiatasi in Africa orientale e poi trasferitasi in Inghilterra negli anni Sessanta. I suoi genitori – padre medico, madre farmacista – riescono a garantirgli la migliore istruzione possibile: Rishi frequenta dapprima l'esclusivo Winchester College, poi consegue una prestigiosa laurea in filosofia, politica ed economia (Ppe) a Oxford (il top del top nel cursus accademico britannico degli statisti in erba), seguita da un master Mba alla Stanford University, in California.

Qui incontra la futura moglie: Akshata Murty, figlia ed erede miliardaria del sesto uomo più ricco dell'India, con la quale condivide oggi due figlie, una grandiosa residenza nel verde dello Yorkshire e appartamenti di lusso tra Londra e Santa Monica. Nonché l'adesione alla fede induista, la stessa di Gandhi, altra novità senza precedenti a Downing Street.

NOVEMBRE

BCE: RIALZO DEI TASSI, LOTTA ALL'INFLAZIONE E RISCHIO RECESSIONE

5 novembre

La Banca Centrale Europea nei giorni scorsi ha alzato ulteriormente il suo muro contro la crescita dell'inflazione, aumentando di 75 punti base (0,75%) i tassi di interesse. Una decisione in linea con le attese del mercato. In questo modo, il tasso principale sale al 2%, il tasso sui depositi all' 1,5% e il tasso sui prestiti marginali al 2,25%.

E queste misure non si fermeranno qui: la Bce preannuncia ulteriori aumenti dei tassi, prevede "di aumentare ulteriormente i tassi di interesse per assicurare il ritorno tempestivo dell'inflazione all'obiettivo del 2% a medio termine". La presidente, Christine Lagarde, rimarca anche di fronte alle critiche arrivate da molti leader politici europei: "una banca centrale ha il mandato della stabilità dei prezzi, e deve perseguirlo usando tutti i mezzi", perché "la cosa di cui le persone sono preoccupate è l'inflazione".

"Ovviamente – ha rilevato Lagarde – non significa che trascuriamo il rischio di recessione. Ma ci preoccupa il fatto che i bassi redditi non sono solo vulnerabili al rischio di recessione, ma anche alla realtà dell'inflazione". Ricordando che le decisioni e le mosse della Bce "richiedono tempo", gli effetti delle misure di questi giorni "non si vedranno nelle prossime settimane". Il Consiglio direttivo della Bce ha inoltre deciso di "modificare i termini e le condizioni applicati alla terza serie di operazioni mirate di rifinanziamento a più lungo termine", le cosiddette Tltro, e modificherà i tassi di interesse applicabili alle Tltro3 a partire dal prossimo 23 novembre.

La presidente Lagarde ha sottolineato che l'economia dell'area euro è destinata ad indebolirsi ulteriormente nella parte finale dell'anno e agli inizi del 2023. La banchiera centrale ha notato che i rischi per la crescita sono "chiaramente al ribasso, specie nel breve termine", e "un rischio significativo è quello che la guerra si trascini" e che "la fiducia potrebbe peggiorare ulteriormente, così come le strozzature all'offerta".

"L'inflazione continua a essere di gran lunga troppo elevata e si manterrà su un livello superiore all'obiettivo per un prolungato periodo di tempo", ha ancora spiegato Lagarde: proprio per questa ragione servono le strette della Bce. Ha poi fatto notare che aumentando sensibilmente i tassi di riferimento per la terza volta consecutiva, la Banca centrale ha compiuto progressi considerevoli nell'abbandono dell'orientamento accomodante della precedente politica monetaria.

Ma c'è un altro passo al quale i mercati finanziari internazionali guardano con attenzione, l'avvio del Quantitative tightening, ovvero della riduzione del bilancio: "discuteremo a dicembre dei principi chiave della riduzione del portafoglio App", ovvero quello di acquisti di titoli, anticipano dalla Bce.

Ai governi europei dell'eurozona, Lagarde ha rivolto l'ormai rituale invito: "dovrebbero perseguire politiche fiscali che dimostrino il loro impegno a ridurre gradualmente gli elevati indici del debito pubblico", e il riferimento, tra gli altri, all'Italia non è per nulla casuale. Sulla mossa della Bce è intervenuto anche il neoministro dell'Economia, Giancarlo Giorgetti, che rileva: "il rialzo dei tassi della Bce era ampiamente previsto, e probabilmente non sarà l'ultimo in questa fase, ma confidiamo nella saggezza della Bce nell'interpretare le cause della recente impennata dell'inflazione e nel tener conto del rallentamento in corso nell'economia europea".

Inoltre, osserva il ministro dell'Economia da Roma, "riteniamo che essendo i prezzi energetici il principale fattore di spinta al rialzo dei prezzi al consumo, l'inflazione debba essere contrastata anche intervenendo sui fondamentali del mercato del gas, come riduzione della domanda e aumento dell'offerta alternativa a quella russa, e che gli interventi di calmierazione delle bollette per famiglie e imprese rimangano prioritari".

ANCHE LA FED (DOPO LA BCE) ALZA ANCORA I TASSI DI INTERESSE, ORA AI MASSIMI DAL 2008

5 novembre

Anche la Federal Reserve americana – poco dopo la Banca Centrale Europea – nei giorni scorsi ha alzato di nuovo i tassi di interesse, per un incremento dello 0,75%. Il costo del denaro negli Stati Uniti sale così compreso in una forchetta tra il 3,75% e il 4%.

Si tratta del quarto rialzo consecutivo da 75 punti base per la banca centrale americana nella sua lotta all'inflazione, e del sesto aumento dei tassi dall'inizio dell'anno (quattro rialzi da 75 punti base, un quarto di punto in marzo e di mezzo punto in maggio). Con il quarto rialzo consecutivo dello 0,75%, la Fed porta i tassi di interesse ai livelli più alti dal 2008. La Banca centrale "anticipa che gli attuali rialzi saranno appropriati per raggiungere una politica monetaria sufficientemente restrittiva per riportare l'inflazione al 2%", rimarca la Fed, che andrà avanti con i rialzi dei tassi di interesse fino a quando non saranno in territorio "sufficientemente" restrittivo.

"Siamo fortemente determinati a riportare l'inflazione al 2% e abbiamo gli strumenti per farlo", ribadisce il presidente della Fed Jerome Powell, sottolineando che la stabilità dei prezzi è il fondamento dell'economia. "Abbiamo bisogno di vedere l'inflazione calare in modo significativo", rileva Powell, mentre sottolinea che un rallentamento della velocità dei rialzi si sta avvicinando, intanto l'economia americana ha rallentato significativamente dallo scorso anno e gli indicatori puntano a una crescita modesta nel quarto trimestre del 2022.

Sull'altra sponda dell'Atlantico, in Gran Bretagna, anche la Bank of England (BoE) ha annunciato un ulteriore rialzo dei tassi d'interesse nel Regno Unito, portandoli dal 2,25% al 3%, il valore più alto dal 2008. Nel caso inglese, l'incremento record dello 0,75% non si vedeva dal 1989 e arriva appunto sulla scia dell'americana Federal Reserve e in risposta all'inflazione che in Gran Bretagna ha superato il 10%.

ELEZIONI NEL MONDO: IN BRASILE HA VINTO LA SINISTRA DI LULA, IN ISRAELE LA DESTRA DI NETANYAHU

10 novembre

Alle elezioni presidenziali in Brasile che si sono svolte nei giorni scorsi, il risultato è stato incerto fino all'ultimo tra i due sfidanti, Jair Bolsonaro, leader dell'estrema Destra e presidente uscente, e Inácio Lula da Silva, icona della Sinistra e già presidente due volte.

Alla fine, ha vinto Lula con il 50,9% dei voti, candidato del Partito dei lavoratori, 77 anni, è già stato alla guida del Paese dal 2003 al 2011. Per Bolsonaro una sconfitta al fotofinish: 60 milioni di voti per il vincitore, 58 milioni per lui e il suo motto "Dio, patria, famiglia" (non troppo originale). Dal canto suo, Bolsonaro è diventato così il primo presidente brasiliano a non venire riconfermato.

Come ha sottolineato La Repubblica, "Lula si prende la vittoria. Per lui è un grande ritorno. Segna un riscatto dopo tre anni di inferno: le accuse di corruzione, la gogna del processo pubblico, la dura sentenza a 12 anni, 580 giorni di carcere, i ricorsi, l'annullamento di tutte le condanne. Poi, la rinascita, la nuova corsa verso la presidenza".

Appena eletto per la terza volta, ha rimarcato: "hanno cercato di seppellirmi vivo ma sono risorto. Oggi l'unico vincitore è il popolo brasiliano. Sarò il presidente di tutti: riuniamo la famiglia". Poi l'ex sindacalista ha aggiunto: "il Brasile è pronto per lottare contro la crisi climatica e per la deforestazione zero dell'Amazzonia. Il pianeta ha bisogno di una Amazzonia viva: un albero in piedi vale più di tonnellate di legname estratto illegalmente". E spiega: "la maggioranza del popolo ha lasciato detto chiaro che desidera più democrazia e non meno. Vuole più libertà, più uguaglianza e più fraternità".

In Israele, invece, è stato l'ennesimo trionfo per Benjamin Netanyahu e la sua coalizione di (ultra)Destra. Ecco il quadro che esce dalle elezioni israeliane: il Likud di 'King Bibi' Netanyahu torna per distacco primo partito del Paese con 32 seggi.

Ma a portare una quota cruciale di altri seggi decisivi per il nuovo governo è il blocco di estrema destra di Sionismo Religioso guidato da Itamar Ben-Gvir e Betzalel Smotrich. Con 14 seggi, è loro il vero exploit di questa tornata elettorale: ora puntano a fare l'ago della bilancia nel governo, ottenere ruoli chiave, e far valere tutto il loro peso sugli orientamenti del prossimo esecutivo. A completare la coalizione guidata da Netanyahu dovrebbero essere i partiti religiosi di Shas e Unità nella Torà, tradizionali alleati del Likud. Con 11 e 7 seggi rispettivamente, completerebbero la maggioranza di 64 deputati alla Knesset (il Parlamento israeliano, composto da una sola Camera da 120 seggi).

A 73 anni, Netanyahu riconquista quindi l'incarico di primo ministro d'Israele, una poltrona dove ha già seduto dal 1996 al 1999 e poi di nuovo ininterrottamente dal 2009 al 2021. Un 'regno' che gli è valso il primato di premier più longevo nella storia d'Israele.

A Sinistra, restano le macerie. Il partito laburista, per lunghi decenni pilastro dei governi d'Israele, vede ulteriormente decimata la sua rappresentanza – entra in Parlamento per il rotto della cuffia con appena 4 deputati –, mentre resta fuori dalla Knesset per la prima volta da trent'anni il Meretz. Lo spostamento a Destra dell'elettorato israeliano prosegue e si consolida.

ELEZIONI MIDTERM NEGLI USA: BIDEN SI SALVA, TRUMP NON RIEMERGE

15 novembre

Le elezioni americane di Midterm, metà mandato, si chiamano così perché si svolgono esattamente 2 anni dopo le elezioni presidenziali, esattamente a metà strada del quadriennio in cui resta in carica il presidente Usa – in questo caso il democratico Joe Biden – alla Casa Bianca.

E, proprio per questo, rappresentano una sorta di 'esame' della situazione e del consenso raccolto dal presidente, da una parte, e dall'opposizione, dall'altra. C'era grande attesa negli States per questa prova elettorale: ebbene, Biden ne esce abbastanza bene dalle elezioni di Midterm, e per ora può tirare un sospiro di sollievo per lo scampato pericolo – dato che molti analisti politici prevedevano una 'Caporetto' per i democratici e un grande recupero dei repubblicani –, e può continuare ad accarezzare il desiderio di ricandidarsi tra 2 anni al termine del suo mandato.

Era stato annunciato come uno Tsunami, poi declassato a 'onda rossa' (come il colore dei Repubblicani). Alla fine, il meteo politico delle elezioni di Midterm ha prodotto un 'mare poco mosso' che probabilmente non cambierà di molto le carte in tavola nella politica americana. Certo, la maggioranza alla Camera è passata nelle mani del GOP (Grand Old Party, come viene chiamato negli Stati Uniti il Partito Repubblicano), tuttavia non con le proporzioni pronosticate alla vigilia.

E al Senato si balla ancora sul filo del rasoio (decisivo sarà il ballottaggio in Georgia, il prossimo 6 dicembre). In sintesi: sembra che i Democratici abbiano resistito. Per Joe Biden si tratterebbe di una 'non sconfitta' che con qualche eccesso di ottimismo si potrebbe anche leggere come una vittoria: storicamente, alle elezioni di medio termine, il partito del presidente in carica perde dai 25 ai 30 seggi alla Camera (Biden invece ne ha persi meno di 10), e una manciata di seggi al Senato (dove ne ha addirittura guadagnato uno). Il che potrebbe, appunto, addirittura tramutarsi in un lasciapassare per una sua nuova candidatura nel 2024.

Invece per Donald Trump, in caso di mancata conquista del Senato, sarebbe una sconfitta, lui che aveva caricato la tornata elettorale come un'anteprima del suo prepotente ritorno sulla scena: non è andata così.

Trump, di fatto, non ha più il Partito Repubblicano in mano come in passato. La vittoria netta del suo competitor interno, l'italoamericano Ron DeSantis, riconfermato governatore della Florida, complica e molto i piani dell'ex presidente. Perché la sfida per la candidatura del 2024 sarà con ogni probabilità tra loro due: e DeSantis, 44 anni, definito dal Financial Times "Trump with brains" (il Trump con il cervello) parte tutt'altro che sconfitto.

La repubblicana Liz Cheney ha definito i risultati "una chiara vittoria per il 'Team Normal' e un rifiuto della tossicità, dell'odio, del vetriolo e di Donald Trump. Noi crediamo nella democrazia. Crediamo nel difendere la Costituzione e la Repubblica". Spiega il Financial Times: il match fra Trump e DeSantis sarà una gara tra diametralmente opposti. "Uno, Trump, è un caotico governato dall'istinto e dall'intuizione, mentre l'altro, DeSantis, è un avvocato disciplinato che setaccia risme di dati e statistiche prima di fare un freddo calcolo. Uno è un donnaiolo, l'altro un padre di famiglia". Oggi i sondaggi quotano Trump, ma due anni sono un'eternità: le cose potrebbero cambiare.

NUOVE INCOGNITE ALLARMANTI SULLA TENUTA DEL SISTEMA PENSIONISTICO

21 novembre

Spesso, ormai troppo spesso, sorgono incognite allarmanti sulla tenuta del nostro sistema pensionistico, che già oggi non se la passa troppo bene.

Partiamo da una certezza, ma non positiva: se le pensioni vengono pagate con i contributi previdenziali versati da chi lavora, meno persone lavorano e meno soldi ci sono per pagarle. Il costante calo demografico della popolazione italiana, con meno nati e meno giovani, e la contemporanea crescita della vita media dei cittadini, che porta a una popolazione fatta prevalentemente di anziani, sono altri fattori molto importanti che condizionano la situazione e le sue prospettive.

In più, le anomalie preoccupanti non finiscono qui: com'è previsto dalle norme in vigore, "la sostenibilità del nostro sistema pensionistico dev'essere sottoposta ogni tre anni a una verifica statistico-attuariale da parte dell'Inps", segnala Sergio Rizzo su Milano Finanza. L'istituto ha un ufficio apposito che se ne deve occupare: il Coordinamento statistico attuariale. Ebbene, si dà il caso che l'ultima verifica sia stata effettuata nel 2017, quando alla presidenza dell'Inps c'era ancora Tito Boeri (poi rilevato nel 2019 da Pasquale Tridico) che aveva anche promosso l'invio ai contribuenti delle 'buste arancioni' contenenti le stime delle loro future pensioni.

In base alle regole, l'Inps avrebbe dovuto sfornare la successiva verifica statistico-attuariale nel 2020, anno della pandemia, ma a tutt'oggi non se n'è avuta ancora notizia. Tra un anno appena, quel documento potrebbe essere già vecchio, considerando che sempre secondo le norme nel 2023 dovrebbe essere fatta una nuova verifica e che il ministro dell'Economia, Giancarlo Giorgetti, ha affermato che nel prossimo triennio la spesa previdenziale aumenterà pure di 50 miliardi di euro per via dell'indicizzazione dell'assegno. Dettagli non trascurabili, perché in mancanza di quella analisi sfuggono elementi decisivi per valutare la sostenibilità o meno del nostro sistema pensionistico.

Già oggi, senza avere contezza di quello che hanno provocato le misure introdotte dopo il 2017, i contributi versati da chi lavora non riescono a coprire che l'86% della spesa pensionistica, se non si tiene conto della cosiddetta Gias (Gestione degli interventi assistenziali e di sostegno alle gestioni previdenziali) a carico dell'Erario. Di questo passo, e sempre senza conoscere l'impatto di quota 100, del Reddito di cittadinanza e di tutto il resto, nell'anno del signore 2046 il disavanzo pensionistico potrebbe aver raggiunto quasi 200mila miliardi di euro.

"Nel lungo periodo la spesa pensionistica lorda non è compensata dalle entrate accertate e lo Spread tende ulteriormente ad aumentare in misura sempre più accentuata anche in relazione all'effettiva capacità di riscossione", rileva Milano Finanza: "nel 2046 la copertura prevista dalle entrate contributive sarà pari all'82% al netto dell'intervento Gias, restando a carico della fiscalità generale il 31% dell'intera spesa pensionistica".

OTTO MILIARDI DI PERSONE NEL MONDO, TRE SFIDE DEL FUTURO DEMOGRAFICO

23 novembre

Nel 1960 gli abitanti sulla Terra erano poco più di 3 miliardi. Nel 2000 erano già raddoppiati. Da pochi giorni è stata superata un'altra quota record: siamo oltre 8 miliardi. "A cosa si deve questa crescita così straordinaria e unica in tutta la storia dell'umanità?", si chiede lo studioso di demografia Alessandro Rosina in un articolo su IlSole24Ore.

E così analizza situazione e prospettive: le motivazioni sono diverse, ma la principale sta nell'aumento della vita media a livello globale. Nel mondo preindustriale (fino al Settecento) la durata media a malapena arrivava a 35 anni. Nel 1960, sempre a livello mondiale, risultava salita oltre i 50 anni, proseguendo poi fino ai 73 di oggi, con una media sopra gli 80 anni nei Paesi più ricchi. Secondo lo scenario mediano della Nazioni Unite, il picco della popolazione mondiale verrebbe raggiunto nel penultimo decennio di questo secolo (dal 2080), con un ammontare pari a 10,4 miliardi di persone sul Pianeta, dopodiché la curva demografica smetterebbe del tutto di crescere e potrebbe, anzi, diminuire. Insieme, infatti, alla crescita della popolazione è in atto, per contro, un aumento del numero di Stati con fecondità sotto il livello di equilibrio generazionale, cioè in media 2 figli per donna.

Questo gruppo si va estendendo sempre più oltre i confini del mondo occidentale. Vi rientra anche la Cina, già da qualche anno in declino. Il gigante asiatico sta per essere superato dalla vicina India, la quale, però, è anch'essa recentemente scesa a 2 figli in media per donna, avviandosi quindi nel tratto conclusivo della sua corsa. Oggi la media mondiale è di 2,3 figli per donna, ed è prevista scendere a 2 nella seconda metà del secolo.

"Pur con incertezze sui tempi e i livelli finali raggiunti sappiamo, in definitiva, che la popolazione mondiale smetterà di crescere", rileva Rosina, "lungo questo percorso la demografia pone però tre sfide complesse e delicate". Eccole. Uno: prima di arrivare al picco si aggiungeranno, almeno, altri due miliardi di persone: un aumento che bisognerà rendere sostenibile nel suo impatto sulle risorse del Pianeta.

Due: questa crescita si concentrerà nelle aree più povere del mondo, che dovranno poter compiere la transizione demografica in coerenza con un proprio percorso di sviluppo. Con anche inevitabili implicazioni sui flussi migratori. Tre: ad aumentare sarà l'incidenza della popolazione anziana, in particolare nei Paesi più ricchi, con conseguente necessità di rendere sostenibile dal punto di vista economico e sociale il rapporto tra generazioni. Con sistema del Welfare e pensionistico al centro della scena.

Queste diverse sfide "si vincono però con lo stesso approccio", rimarca lo studioso: "passando dalla crescita della quantità alla qualità della crescita. Il che significa promuovere la qualità dei consumi e del rapporto con l'ambiente, la qualità della formazione delle nuove generazioni e la valorizzazione del loro capitale umano, la qualità degli anni di vita e dei servizi di Welfare".

DICEMBRE

IN CINA LA STRATEGIA ZERO-COVID ESASPERA LA SOCIETÀ E AFFOSSA L'ECONOMIA

7 dicembre

Da tempo ormai la popolazione cinese osserva incredula come, nel resto del mondo, si stia tornando verso la normalità pre-pandemica. In Cina, infatti, la strategia 'Zero Covid' del governo, e del partito comunista, è oggi l'unica arma per combattere il virus: la popolazione non è adeguatamente immunizzata, e i vaccini locali non hanno dimostrato la stessa efficacia di quelli occidentali a tecnologia mRna.

La scelta di Pechino di non importare i vaccini Pfizer e Moderna, dettata da motivazioni politiche più che dall'esigenza sanitaria, ha infilato il Paese in una situazione molto complessa. Dopo quasi due anni di contrasto alla pandemia, buona parte della popolazione è ormai stanca, esasperata, e nelle ultime settimane in molti – innanzitutto nelle grandi città chiuse da ennesimi Lockdown – sono scesi in strada per protestare contro le nuove restrizioni. Come conseguenza, tensioni e incertezza sul futuro agitano i mercati.

Secondo gli esperti, se a partire da domani la Cina abbandonasse la politica Zero Covid, nel Paese si registrerebbero in poche settimane circa 360 milioni di infezioni, 6 milioni di cinesi finirebbero all'ospedale e, di conseguenza, ci sarebbero almeno 620mila morti. Per questo, pochi analisti ritengono che la Cina si stia preparando a un'imminente riapertura.

Questa situazione critica potrebbe invece continuare per gran parte del 2023 se le autorità del governo centrale non riusciranno a elaborare una Exit strategy che, al momento, fa notare l'Economist, "significa operare una scelta: lasciarsi sfuggire il controllo del virus o perdere il sostegno della popolazione". Per il partito comunista cinese ora non è facile far fronte al malcontento e allentare le misure anti-Covid.

"La persistenza di Xi Jinping sulla politica Zero Covid rischia di presentare un conto molto salato. Da anni la Cina dichiara di voler puntare sui consumi come nuovo motore di crescita, ma il comparto non è mai tornato ai livelli di crescita pre-pandemia e i Lockdown aggravano la situazione", rileva la newsletter dell'Ispi, l'Istituto di studi e politiche internazionali con sede a Milano.

Già in primavera si erano toccate punte del -11% per le vendite al dettaglio, che avevano portato a un calo del -2,6% del Pil nel secondo trimestre solo parzialmente recuperato nel terzo (3,9%). Con le nuove restrizioni appena cominciate, e che danneggeranno i consumi sotto le Feste di fine anno, è difficile immaginare una crescita annuale sopra il 3%. Il peggiore risultato economico da decenni dopo il 2020 (un 2,2% ottenuto però in un anno di recessione globale) è ormai in vista.

Le proteste e le manifestazioni di disobbedienza civile "sono un fenomeno senza precedenti nella Cina del presidente Xi Jinping", sottolinea Filippo Fasulo, Co-head dell'Osservatorio geoeconomia dell'Ispi, "a cui il mondo guarda con attenzione crescente: se è difficile ipotizzare un cambiamento di rotta, che equivarrebbe ad ammettere la sconfitta di una politica fortemente rivendicata dal partito comunista e dallo stesso leader, è possibile che alcune misure saranno ammorbidite. Che questo basti a far rientrare le tensioni, però, è tutto da vedere".

Gli effetti della strategia Zero Covid sull'economia cinese sono inequivocabili e pesanti: i continui Lockdown, le quarantene e i controlli a tappeto scoraggiano i consumi interni e la mobilità. Durante la seconda settimana di novembre, con l'aumento dei contagi, il numero di voli interni è diminuito del 45% su base annua. Nei primi nove mesi del 2022 le tre maggiori compagnie aeree cinesi hanno perso un totale di circa 9 miliardi di euro. Il traffico della metropolitana nelle dieci città più grandi della Cina è diminuito del 32%.

Per anni, la Cina è stata la fabbrica del mondo e un motore vitale della crescita globale, e le turbolenze che attraversa non possono fare a meno di avere delle ricadute sul resto del mondo.

TETTO AL CONTANTE, FAVORISCE IL COMMERCIO O L'EVASIONE FISCALE? O ENTRAMBI

12 dicembre

Sono già molte le critiche che da più parti si sono alzate contro l'innalzamento del tetto al contante, previsto salire a quota 5mila euro dalla Manovra finanziaria per il 2023 del governo Meloni.

Anche la Banca d'Italia non gradisce e non approva un approccio più permissivo al sistema dei pagamenti Cash, e rimarca: "le disposizioni in materia di pagamenti in contante e l'introduzione di istituti che riducono l'onere tributario per i contribuenti non in regola rischiano di entrare in contrasto con la spinta alla modernizzazione del Paese che anima il Pnrr e con l'esigenza di continuare a ridurre l'evasione fiscale".

In pratica, secondo Bankitalia, non sarebbe questa la strada da seguire per risanare storiche debolezze e fragilità del Paese: "soglie più alte per l'utilizzo del contante favoriscono l'economia sommersa, mentre l'uso di pagamenti elettronici permettendo il tracciamento delle operazioni ridurrebbe l'evasione fiscale. I limiti all'uso del contante, pur non fornendo un impedimento assoluto alla realizzazione di condotte illecite, rappresentano un ostacolo per diverse forme di criminalità ed evasione". Insomma, non occorre essere degli economisti esperti in sistemi finanziari per cogliere certe tendenze e contraddizioni.

Non si è fatta attendere la replica della premier Giorgia Meloni, che risponde con la nuova rubrica 'Gli appunti di Giorgia', inaugurata sui Social: "abbiamo aumentato il tetto al contante perché il tetto al contante sfavorisce la nostra economia, perché siamo in un mercato europeo e, in un mercato europeo, il tetto al contante ha un senso se ce l'hanno tutti, mentre in Europa esistono diversi tetti al contante e molte nazioni che non hanno un tetto al contante. La Germania e l'Austria non hanno un tetto al contante. Questo significa che chi, magari straniero, ha contanti da spendere preferisce andare in altre nazioni perché l'Italia ha un tetto al contante".

Sì, ma allo stesso tempo Germania e Austria non soffrono i livelli di evasione fiscale dell'Italia, e qualche motivo ci sarà. O, piuttosto, più motivi insieme. Se si prende ad esempio un modello, lo si deve prendere nella sua interezza, non solo per la parte che conviene.

Poi, come segnala anche un articolo su Wall Street Italia, c'è anche il primo dietrofront del governo per quanto riguarda l'obbligo del Pos per gli esercenti solo per pagamenti sopra i 60 euro. Considerando le critiche, la premier ha parlato di cifra indicativa. "Il piccolo importo attualmente individuato da noi è quello della sanzione", rileva Meloni, "oggi se un esercente rifiuta il sistema di pagamento può avere una multa: fino a 60 euro noi non vorremmo obbligare il commerciante a dover accettare il pagamento elettronico. La soglia dei 60 euro è indicativa, può essere anche più bassa. Su questo c'è una interlocuzione con la Commissione europea, perché il tema del pagamento elettronico è uno degli obiettivi del Pnrr; quindi, bisogna vedere come andrà a finire l'interlocuzione".

Ma gli italiani preferiscono il Pos, come emerge da un sondaggio di Euromedia Research riportato da La Stampa: soltanto il 33% condivide la linea del governo Meloni sui pagamenti elettronici e la soglia di 60 euro. Secondo il sondaggio il 56% degli italiani boccia il provvedimento. Tra questi un terzo degli elettori di Forza Italia e Fratelli d'Italia. E la maggioranza degli elettori della Lega. In compenso la misura è molto apprezzata dai commercianti: il 65% la promuove. Insomma, a moltissimi commercianti non piacciono tanto le carte di pagamento elettroniche, preferiscono di gran lunga il caro, vecchio portafoglio.

GLI USA: SVOLTA STORICA PER LA FUSIONE NUCLEARE E L'ENERGIA PULITA, MA SERVIRANNO DECENNI

20 dicembre

Gli Usa hanno definito "una svolta storica", "un passo che potrebbe rivoluzionare il mondo" l'esperimento di fusione nucleare, in un laboratorio della California, che per la prima volta ha prodotto più energia di quella necessaria per innescarla. Con la tecnica laser, e non con quella a confinamento magnetico su cui invece ha preferito investire l'Unione Europea.

Qualcuno l'ha già ribattezzata "la scoperta del secolo", anche se ci vorranno almeno 30 anni per il suo utilizzo a scopo commerciale, a causa di enormi difficoltà scientifiche e tecnologiche. È comunque un passo rivoluzionario verso un'energia illimitata, pulita e a basso costo che in un solo colpo potrebbe consentire di ridurre l'inquinamento, frenare il cambiamento climatico, garantire lo sviluppo dei Paesi più poveri.

E potrebbe anche cambiare i rapporti di forza nella mappa geopolitica mondiale, ridimensionando il potere di Paesi la cui economia dipende in gran parte dall'export di combustibili fossili, come la Russia e i Paesi del Golfo. La svolta conferma inoltre il primato degli Usa nella ricerca scientifica e nell'innovazione tecnologica, grazie anche a investimenti pubblici e privati senza pari nel mondo.

"Per gran parte di noi, è solo questione di tempo", ha assicurato al Washington Post uno degli scienziati della National Ignition Facility in California, dove è stata fatta la scoperta. A differenza dell'energia da fissione nucleare, quella prodotta nelle centrali atomiche con la pericolosa scissione di un nucleo pesante in due più leggeri e il problema delle scorie, quella da fusione riproduce il processo che avviene nelle stelle e nel Sole, con la combinazione senza rischi di due nuclei leggeri in un nucleo pesante. Come combustibile si usa l'idrogeno, praticamente inesauribile.

Ecco come funziona: si avvicinano due nuclei fino a farli fondere tra loro a densità e temperature altissime (milioni di gradi Celsius) per superare la repulsione elettromagnetica. In questo modo si trasforma l'energia della reazione in elettricità che può alimentare case, uffici, aziende senza emettere carbonio nell'aria o produrre scorie radioattive da smaltire nell'ambiente.

Per decenni gli scienziati hanno sperimentato reazioni da fusione ma finora avevano consumato più energia di quella ottenuta. Nel laboratorio in California è stato usato con successo uno dei più grandi laser al mondo. L'energia prodotta, circa 25 megajoule, è stata generata grazie a 192 fasci laser che in qualche miliardesimo di secondo hanno colpito la parte interna di un piccolo cilindro contenente due elementi chiave (il deuterio e il trizio).

Gli ostacoli in futuro non mancheranno, a partire dai costi giganteschi e dalle difficoltà tecniche per ricreare la reazione su larga scala e per mettere a punto macchinari (finora inesistenti) capaci di trasformarla a costi sostenibili in elettricità da mettere in rete. Ma un nuovo futuro non sembra lontano. "Questa svolta dimostra che la necessità di continuare a investire nella fusione nucleare è forte", ha sottolineato anche la presidente della Commissione europea, Ursula von der Leyen: "abbiamo bisogno di vari approcci per garantire questa energia pulita in futuro, ma questo dimostra che vale la pena intensificare il lavoro e la ricerca".

L'ITALIA RISPARMIA MA NON INVESTE

21 dicembre

Intesa Sanpaolo e Centro Einaudi hanno presentato l'Indagine sul Risparmio e sulle scelte finanziarie degli italiani 2022. Ecco alcune evidenze e risultati: la quota delle famiglie risparmiatrici supera il 53%, avvicinandosi ai livelli pre-pandemia. Cresce la percentuale di reddito risparmiata: 11,5%, dal 10,9% del 2021. Rispetto al pre-Covid i depositi delle famiglie sono cresciuti del 13%, ossia di 135 miliardi di euro. Tuttavia, solo il 17% del totale risparmia avendo in mente uno scopo preciso: il 30% lo fa per ragioni puramente precauzionali.

La sicurezza si conferma al primo posto tra le caratteristiche desiderate degli investimenti (57% del totale), seguita dalla liquidità. Tra le maggiori preoccupazioni spicca la valutazione del rischio delle diverse soluzioni di investimento (53%). Altre indicazioni rilevanti: continua la tendenza a tenere disponibilità liquide in eccesso per motivi precauzionali, ma la crescita dell'inflazione contribuisce a ridurre il grado di soddisfazione associato alla detenzione della liquidità. (E come potrebbe essere diversamente).

Cresce il gradimento per il risparmio gestito: almeno un prodotto finanziario è presente nel 21% dei portafogli, sia pure con una forte differenziazione a livello territoriale. Si riduce la quota investita in obbligazioni (dal 29% al 23% dei portafogli), mentre resta bassa (sebbene in leggera crescita) la percentuale degli investitori in azioni (4,8%). Da segnalare il crescente interesse verso gli investimenti alternativi (39%), in particolare l'oro (25%) e i fondi etici-ESG (13%, che sale oltre il 22% tra i laureati).

Preoccupante, invece, la debolezza dei giovani sul fronte dell'alfabetizzazione finanziaria e assicurativa: solo il 2% si dichiara molto interessato ai temi dell'economia e della finanza.

"Forse non tutte le famiglie hanno compreso", rileva Gregorio De Felice, Chief economist di Intesa Sanpaolo, "che con un tasso di inflazione al 10% avere soldi fermi e non investirli rappresenta un costo", come riporta un articolo di MF-Milano Finanza. Per il sistema bancario, ha ammesso De Felice, "questo potrebbe anche non essere un male, ma l'eccesso di liquidità è sempre uno spreco". Considerando la perdita dei depositi infruttuosi, che coincide col carovita, il capo economista si augura che si possa assistere "allo spostamento verso strumenti di investimento".

Molto dipenderà però da un altro aspetto, quello dell'educazione finanziaria, secondo quanto sottolineato dal presidente di Intesa Sanpaolo, Gian Maria Gros-Pietro: "educazione finanziaria significa insegnare ai risparmiatori a valutare gli investimenti che hanno a disposizione". Attualmente, ha aggiunto, "le famiglie preferiscono strumenti che ritengono a basso rischio, ma il rischio c'è sempre, va affrontato e gestito".

In generale, rileva anche Giuseppe Russo, direttore del Centro Einaudi e curatore dello studio, gli italiani "non amano il rischio e preferiscono gli investimenti sicuri da sempre, ma rispetto al passato sanno che devono affrontarlo e che investire significa assumere un certo rischio". Per questo, e qui trapela un certo ottimismo, "sono sempre più restii a muoversi senza un supporto professionale, e per questo il risparmio gestito è cresciuto per raccolta netta nonostante l'anno negativo per moltissimi rendimenti".

L'AFGHANISTAN DEI TALEBANI, UN PAESE ALLO SBANDO E CHE SEMPRE DI PIÙ DISCRIMINA LE DONNE

31 dicembre

A un anno e mezzo dal ritorno dei Talebani al potere in Afghanistan, il Paese è allo sbando: in grave crisi alimentare, sanitaria, umanitaria; isolato internazionalmente; in cui la repressione e la violazione dei diritti delle donne, completamente escluse dalla vita pubblica e sempre più private dell'istruzione, è sistematica.

La crisi alimentare ha raggiunto livelli senza precedenti: secondo l'Onu circa 23 milioni di persone – il 55% della popolazione afghana – è a rischio insufficienza alimentare, una vera e propria crisi umanitaria in un Paese che conta 3 milioni e mezzo di sfollati interni.

Una recente inchiesta della Bbc inglese mette in luce una situazione ancora più drammatica: tra gli abitanti, raccontano i giornalisti, la pratica della vendita di organi "si è fatta più diffusa", e tra questi ci sono la mamma di una bambina costretta a vendere un rene sette mesi fa per ripagare un debito a causa di un gregge di pecore che sono morte. Ma la cifra di tremila dollari, ottenuta dalla vendita dell'organo, non è bastata per tirare avanti: "ora siamo costretti a vendere nostra figlia di due anni, le persone da cui abbiamo preso il prestito ci tartassano ogni giorno", racconta la donna, mentre per il marito "è meglio morire che vivere così".

Nell'inchiesta della Bbc emerge poi la pratica molto diffusa di somministrare oppiacei ai bambini per farli addormentare e non fargli sentire la fame: "una pasticca – spiega un intervistato – costa meno di un pezzo di pane". E negli ospedali – riferisce l'Ong Medici Senza Frontiere (MSF) – quest'anno il tasso di ricoveri per il trattamento della malnutrizione è aumentato del 47%.

In questo scenario grave e devastato, si aggiunge la decisione del governo talebano, il 20 dicembre scorso, di sospendere – in pratica, di vietare – l'accesso alle donne nelle università. Un nuovo impedimento, una nuova discriminazione, dopo aver sospeso l'istruzione per le studentesse dalle scuole secondarie in su. Questa ennesima cattiva notizia è al centro dell'ultima Newsletter dell'Ispi, l'Istituto per gli studi di politica internazionale, a cui sono iscritto e che ricevo regolarmente.

Per protestare contro questa discriminazione molte donne afghane sono scese in piazza, ma alcune sono state anche arrestate e picchiate dai Talebani. Nel Paese le ragazze possono frequentare la scuola solo fino alla prima media, ma in alcune città molte bambine vengono rimandate a casa dalle scuole elementari perché le insegnanti donne hanno perso il lavoro, per un altro divieto del governo di Kabul.

Un regime di "apartheid di genere", come lo ha definito il Parlamento europeo, in cui alle cittadine è vietato anche entrare nei parchi, nelle palestre e nei bagni pubblici, viaggiare senza parenti maschi al seguito, e dove sono obbligate a coprirsi dalla testa ai piedi per uscire di casa.

La decisione di vietare alle donne l'accesso alle università ha scatenato una lunga scia di critiche e proteste a livello internazionale. A quelle prevedibili delle istituzioni europee e Usa, si sono aggiunte reazioni insolitamente dure anche da parte di Paesi a maggioranza musulmana. È il caso di Turchia e Arabia Saudita, con quest'ultima che si è detta "scioccata e delusa" dalla decisione, mentre il ministro degli Esteri turco, Mevlut Cavusoglu, ha definito la messa al bando "inumana e anti-islamica".

Anche il governo del Qatar – che aveva fatto da mediatore tra gli Stati Uniti e i Talebani nei negoziati che hanno portato al ritiro delle truppe americane e Occidentali un anno e mezzo fa – ha criticato la decisione. E un invito a ripristinare l'educazione femminile nelle scuole e università è arrivato persino dal ministro degli Esteri dell'Iran, un Paese che da mesi reprime brutalmente le proteste delle attiviste contro l'obbligo del velo imposto alle donne.

COSA È SUCCESSO NEL MONDO NEL CORSO DEL 2022

31 dicembre

Questo 2022 volge al termine, ed è stato un altro anno negativo e difficile per quanto riguarda la pandemia globale, la guerra in Ucraina, la crisi che ne è seguita, tra rialzo dell'inflazione, rincaro dell'energia e carenza di alcune forniture.

Per fortuna in questi 12 mesi non c'è stato solo il buio di fatti e avvenimenti avversi, ma anche qualche raggio di luce e di positività. Per esempio, dal punto di vista economico e della ripresa post-crisi pandemica, l'Italia ha mostrato un 'rimbalzo' e una crescita, in termini di Prodotto interno lordo, migliori rispetto a quelli delle altre principali Economie dell'Ue, come Germania, Francia e Spagna. Il tessuto produttivo del Bel Paese ha dimostrato così di essere più resiliente e reattivo agli shock e alle crisi dello scenario internazionale, per via innanzitutto della grande diversificazione produttiva del Made in Italy, e di filiere in grado di reggere a difficoltà di vario genere.

Dal punto di vista dei risparmi e investimenti privati, resta molto alto, troppo alto per certi versi, il patrimonio degli italiani che viene lasciato fermo sui conti correnti bancari, pari a circa 2.300 miliardi di euro. Si tratta di risorse finanziarie che potrebbero generare altro valore, ad esempio se investite e immesse nella cosiddetta 'Economia reale', cioè nelle imprese e realtà produttive, anziché restare ferme e anzi perdere valore in potere d'acquisto, in tempi di inflazione molto alta, come non accadeva da anni.

Molti fatti e avvenimenti ho cercato di trattarli e fissarli nelle pagine online di questo Blog, che certo non può e non vuole essere esaustivo dato che ogni giorno dell'anno, o quasi, accadono fatti e novità rilevanti in tutto il mondo. Ecco quindi, una breve panoramica di alcuni avvenimenti, per ciò che riguarda innanzitutto notizie di geo-politica internazionale, attualità e sport.

Gennaio – Primo gennaio: la Francia assume la presidenza semestrale di turno dell'Unione europea. Lo stesso giorno entra in vigore il Partenariato Economico Globale Regionale (RCEP), la più grande area di libero scambio del mondo, tra Australia, Brunei, Cambogia, Cina, Giappone, Laos, Nuova Zelanda, Singapore, Thailandia e Vietnam.

10 gennaio: lo University of Maryland Medical Center di Baltimora esegue con successo il primo trapianto di cuore da un maiale a un uomo. 11 gennaio: muore il Presidente del Parlamento europeo, David Sassoli. 29 gennaio: Sergio Mattarella viene rieletto Presidente della Repubblica Italiana con una maggioranza di 759 voti. 30 gennaio: elezioni legislative in Portogallo, il Partito Socialista Portoghese ottiene oltre la maggioranza assoluta dei seggi.

Febbraio – 2 febbraio: muore a Roma l'attrice Monica Vitti. 3 febbraio: il capo dello Stato Islamico, Abu Ibrahim al-Hashimi al-Qurashi, viene ucciso durante un raid delle forze speciali statunitensi nella Siria Nord-occidentale. Dal 4 al 20 febbraio: ventiquattresima edizione dei Giochi olimpici invernali a Pechino. 13 febbraio: elezioni presidenziali in Germania: il presidente uscente Frank-Walter Steinmeier viene rieletto a grande maggioranza al primo turno.

21 febbraio: la Russia riconosce le Repubbliche Popolari del Doneck e di Lugansk. Bombardamento dell'antenna delle telecomunicazioni di Kiev. 24 febbraio: inizio dell'invasione russa dell'Ucraina. Cominciano in tutto il mondo le manifestazioni e mobilitazioni contro l'invasione russa. 27 febbraio: Putin ordina alle Forze armate di mettere in stato di massima allerta le forze di difesa nucleare.

Marzo – 9 marzo: in Corea del Sud, si tengono le elezioni presidenziali. Risulta eletto, con un margine di differenza dello 0,73% dal suo sfidante, il conservatore Yoon Suk-yeol. 16 marzo: la Federal Reserve americana alza i tassi d'interesse di 25 punti base, portandoli allo 0,25-0,50 per cento. Si tratta del primo rialzo dal 2018 per cercare di arginare un'inflazione salita ai massimi degli ultimi 40 anni. 19 marzo: la Francia si aggiudica il Sei Nazioni di rugby.

Aprile – 3 aprile: durante la ritirata russa nell'Ucraina del Nord, a Bucha viene scoperto un massacro di civili. Lo stesso giorno, elezioni parlamentari in Ungheria, Viktor Orbán rimane capo del governo. 7 aprile: dopo una votazione delle Nazioni Unite, la Russia viene sospesa dal Consiglio dei Diritti Umani con 58 nazioni astenute, 24 contrarie e 93 favorevoli.

25 aprile: Emmanuel Macron è riconfermato Presidente della Repubblica Francese dopo aver vinto il primo e il secondo turno delle elezioni presidenziali. Lo stesso giorno il social network Twitter accetta l'offerta di Elon Musk per 44 miliardi di dollari per la cessione della maggioranza delle quote societarie.

Maggio – 5 maggio: la Federal Reserve alza i tassi di riferimento dello 0,50%, portandoli all'interno di una forchetta compresa tra lo 0,75 e l'1%. Il rialzo di mezzo punto sul costo del denaro rappresenta l'intervento più ampio da maggio 2000, quindi da 22 anni. L'obiettivo è contrastare l'inflazione, volata a oltre l'8,5% negli Stati Uniti, come non accadeva dal 1981. 21 maggio: elezioni parlamentari in Australia, eletto come primo ministro Anthony Albanese. 28 maggio: a Parigi il Real Madrid diventa campione d'Europa di calcio per la quattordicesima volta dopo aver battuto 1-0 il Liverpool.

Giugno – 8 giugno: la 'Giornata mondiale degli oceani' taglia il traguardo del trentesimo anniversario, essendo stata indetta dalle Nazioni Unite nel 1992. 9 giugno: l'Europarlamento approva la proposta della Commissione europea di terminare nell'Ue le vendite di auto nuove a benzina e diesel nel 2035. 17 giugno: all'Ucraina e alla Moldavia viene riconosciuto lo status ufficiale di nazione candidata all'ingresso nell'Unione Europea.

Luglio – Primo luglio: la Repubblica Ceca assume la presidenza semestrale di turno dell'Unione europea. 3 luglio: una valanga sul ghiacciaio della Marmolada provoca 11 morti e 8 feriti. 8 luglio: in Giappone, durante un comizio elettorale, viene assassinato l'ex primo ministro liberaldemocratico Shinzō Abe. 31 luglio: in Afghanistan le forze statunitensi della CIA intercettano e uccidono Ayman al-Zawahiri, leader di Al Qaida.

Agosto – Primo agosto: per combattere l'inflazione, mai così alta da decenni, la Federal Reserve americana alza i tassi di interesse dello 0,75%, portando il costo del denaro in una forchetta compresa tra il 2,25 e il 2,50%. 3 agosto: nell'Unione Europea il piano d'emergenza sul gas viene approvato in Consiglio Affari Energia, con la sola opposizione dell'Ungheria, ma per l'approvazione del pacchetto era richiesta la maggioranza qualificata; quindi, il voto contrario di Budapest è stato ininfluente.

Settembre – 8 settembre: nel Castello di Balmoral, in Scozia, muore la Regina Elisabetta II del Regno Unito, ponendo fine a un regno durato oltre settant'anni; le succede al trono il figlio Carlo, che assume il nome di Carlo III. 11 settembre: elezioni legislative in Svezia. Lo stesso giorno l'Italia vince il Campionato mondiale di pallavolo maschile, battendo in casa la Polonia.

16 settembre: un'alluvione nelle Marche provoca 12 morti, allagamenti e distruzione in diversi centri abitati. Lo stesso giorno, in Iran viene uccisa Mahsa Amini, per avere infranto la legge islamica sul velo. La sua uccisione scatena una serie di proteste nelle città iraniane, la cui repressione violenta da parte delle autorità causa nelle prime settimane oltre 200 vittime, centinaia di feriti e più di 1.500 arresti. 25 settembre: elezioni politiche anticipate in Italia, vince la coalizione di Centro-destra, e la leader di Fratelli d'Italia, Giorgia Meloni, diventa la prima donna a capo del governo nella Storia italiana.

Ottobre – 2 ottobre: primo turno delle elezioni presidenziali in Brasile che, dopo il ballottaggio del 30 ottobre e molta incertezza sull'esito finale, rieleggono Presidente Inácio Lula da Silva, icona della Sinistra e già presidente brasiliano per due volte. Dal 16 al 23 ottobre: si tiene il 20esimo Congresso nazionale del Partito Comunista cinese. Xi Jinping viene rieletto Segretario generale del Partito dal Comitato centrale, iniziando un terzo mandato come leader supremo della Cina.

Novembre – Dal 6 al 18 novembre si svolge in Egitto, a Sharm el-Sheikh, la Conferenza delle Nazioni Unite sui cambiamenti climatici del 2022. 8 novembre: oltre 24 statue di bronzo di epoca romana sono affiorate dagli scavi di un deposito votivo a San Casciano dei Bagni, in provincia di Siena. Busti o figure intere, di cui cinque alte quasi un metro, raffiguranti divinità, imperatori, donne e bambini. È il più importante ritrovamento italiano di statuaria in bronzo di età etrusca e romana, dopo la scoperta dei celebri bronzi di Riace, avvenuta 50 anni fa, nel 1972.

15 novembre: a Bali, in Indonesia, si tiene il 17esimo vertice del G20. 16 novembre: parte la missione spaziale Artemis 1, che porta la capsula Orion in orbita intorno alla Luna. 26 novembre: a Ischia una valanga di fango travolge il paese di Casamicciola, distrugge strade e case, e uccide 12 persone.

Dicembre – 7 dicembre: il Parlamento del Perù rimuove il Presidente Pedro Castillo dall'incarico, e lo arresta dopo che ha cercato di sciogliere il Congresso in un tentativo di colpo di Stato. Gli succede la vicepresidente Dina Boluarte, prima donna a ricoprire il ruolo di Presidente nella storia del Paese sudamericano.

15 dicembre: fusione nucleare, un esperimento in un laboratorio della California per la prima volta ha prodotto più energia di quella necessaria per innescarla. Si tratta di una svolta per la produzione di energia nel futuro. 18 dicembre: l'Argentina vince la ventiduesima edizione dei Mondiali di calcio, in Qatar, battendo la Francia per 4-2 ai calci di rigore, dopo il 3-3 dei tempi supplementari.

Se vuoi seguire giorno per giorno gli argomenti e contenuti che vengono trattati, puoi farlo attraverso i miei vari profili e spazi sulle diverse piattaforme di Social network.

www.ingramcontent.com/pod-product-compliance
Lightning Source LLC
Chambersburg PA
CBHW070331220526
45467CB00001B/113